엑스포지멘터리 성경공부 시리즈

이사야(Ⅲ)

이사야 40–66장

엑스포지멘터리 성경공부 시리즈

이사야(Ⅲ)

이사야 40-66장

| 송병현 · 임우민 지음 |

EM Exposi Mentary

차례

이사야 서론

1. 선지자

선지자의 히브리어 이름 '예사아후'는 '여호와는 구원이시다'라는 의미다. 이사야는 유다의 운명이 풍전등화와 같았던 주전 701년 아시리아 왕 산헤립의 유다 침략 때 매우 중요한 역할을 했던 선지자다. 이사야 선지자가 유다 정치에 깊이 관여했다는 것은 그가 나단처럼 왕궁을 자유자재로 드나들었다는 점에서 알 수 있다.

이사야는 예루살렘에서 태어나 자랐고 그곳에서 교육을 받은 것으로 추정된다. 이사야는 웃시야 왕이 죽은 해인 주전 740년에 선지자로서 소명을 받았다(참조. 6장). 그는 예루살렘에서 50년을 사역했으며, 이 기간에 북왕국 이스라엘이 아시리아의 손에 멸망하는 것을 목격했다. 또한 남왕국 유다도 산헤립에 의해 건국 이후 가장 큰 위기를 맞은 것을 지켜보았고, 곤경에 처한 히스기야를 하나님의 말씀으로 위로했다.

이사야 선지자는 결혼했고(참조. 8:3), 최소한 두 명의 아들을 두었다. 그의 아내도 '여 선지자'(우리말 성경에서는 '아내'로 해석됨)로 불렸다(8:3). 그녀가 선지자 활동을 해서였는지, 아니면 단지 남편이 선지자이기 때문에 주어진 명칭('사모'라는 의미로)이었는지 확실하지는 않다. 그러나 성경에서 선지자의 아내가 결혼 때문에 여 선지자라고 불리는 예가 없다는 것을 감안할 때 이사야의 아내도 선지자 사역을 했던 것으로 보인다.

2. 역사적 정황

이사야가 사역한 주전 8세기말 근동 지역에서는 아시리아가 제국을 형성하며 군림하고 있었다. 이사야는 웃시야 왕이 죽던 해에 사역을 시작했다(6:1). 유다는 웃시야 왕의 통치하에 획기적인 경제 부흥을 경험했다(참조. 대하 26:6-15). 웃시야 왕의 통치는 주전 792-740년 동안 지속되었는데, 이 기간 동안 유다는 안정적인 정치를 기반으로 모든 분야에서 눈부신 발전을 이룰 수 있었다. 유다가 이처럼 놀라운 성장을 이룬 것은 당시 근동의 슈퍼 파워였던 아시리아의 내부적 갈등이 일조했기 때문이다. 웃시야가 유다를 다스리는 동안 아시리아를 지배했던 살만에셀(783-773), 아술단(773-754), 아술니라리(754-746) 등은 매우 약한 리더십의 소유자들이었다. 게다가 기근, 반역 등이 끊이지 않으므로 아시리아는 국제무대로 눈을 돌릴 여력이 없었다. 이 같은 상황이 웃시야가 마음껏 활동할 수 있는 여건을 조성해 주었던 것이다.

이사야는 요담 왕(주전 750-732) 시대에도 사역했다. 요담은 물질적으로는 풍요로운, 그러나 도덕적으로나 종교적으로는 타락한 나라를 물려받았다. 요담은 이렇다 할 획기적인 종교개혁을 시도하지 않았고, 계속 악화되어가는 유다의 영성을 방관하기만 했다. 요담의 뒤를 이어 왕이 된 아하스(주전 735-716)는 종교적으로 매우 타락한 왕이었다. 이런 불신이 유다가 당면하고 있는 국제적 문제의 원인이 되었다. 아하스는 하나님의 약속보다는 자신의 정치적인 능력과 활동에 나라의 운명을 맡긴 사람이었다. 시리아와 이스라엘이 아하스를 몰아내고 그의 자리에 다른 인물을 세우려고 유다를 침략했을 때 아하스는 무척 두려워했다(7장).

선지자 이사야가 그를 찾아가 '두려워 말라'고 권면하지만, 그는 선지자와 그의 하나님을 무시하고 아시리아의 왕 디글랏에게 사신과 돈을 보내 도움을 청했다(대하 28:16). 히스기야(주전 716-687) 왕은 이사야서에서 마지막으로 모습을 드러내는 유다의 왕이다. 히스기야는 하나님을 경외하는 왕이었다. 정치적으로나 개인적으로 어려운 시대에 이사야를 찾으며 하나님의 뜻을 구한 믿음의 모범이 되는 왕이었다. 그는 대대적인 종교개혁을 추진했다(왕하 18:4, 22). 망해 버린 북왕국 백성을 예루살렘으로 초대하여 성대하게 지킨 유월절(대하 30장) 행사는 히스기야의 하나님을 향한 믿음을 드러내는 대표적인 사건이었다. 히스기야는 아시리아 왕 사르곤(주전 721-701)에게 조공을 바쳤다. 사르곤이 죽자 이집트의 '군사적 도움 약속'에 힘입어 블레셋과 합세하여 아시리아를 반역했다(왕하 18:7). 그래서 사르곤의 아들 산헤립이 주전 703-701년에 유다 땅을 침범했고 46개 도시를 점령했다.

3. 주요 신학적 메시지

메시아

선지자 이사야는 온 인류의 구원을 위하여 이 세상에 태어나실 구세주에 대하여 그 어느 선지자보다도 많은 계시를 받아 기록하고 있다.

첫째, 선지자는 메시아가 매우 연약한 사람의 모습으로 오실 것이라고 한다. 이사야 선지자는 메시아를 생각하며 '싹'과 '아이'라는 이미지를 자주 사용한다(4:2; 7:14; 9:6; 11:1; 53:2). 싹과 아이는 새로움을 의미하기도 하지만 연약함을 뜻하기도 한다.

둘째, 이사야는 메시아가 다윗의 후손으로 오실 것이라고 한다(11:1; 9:6). 메시아가 다윗의 후손으로 오시는 것은 이스라엘의 선조 야곱의 예언을 성취하는 일이며, 동시에 그가 왕족의 신분이라는 것을 암시하고 있다(9:6). 비록 비천하고 연약한 인간의 모습으로 오시지만, 이분은 이 세상 그 누구도 무시할 수 없는 위엄 있는 왕으로 오시는 것이다.

셋째, 메시아는 하나님이시다. 그의 이름인 '기묘자, 모사, 전능하신 하나님, 영존하시는 아버지, 평화의 왕' 등은 성경 안에서 유일하게 하나님에게만 적용될 수 있는 호칭들이다. 이러한 이름들이 메시아에게 적용되는 것은 비록 그분이 인간으로 오지만 하나님과 동일하신 매우 특별한 분이심을 암시하고 있다.

넷째, 메시아는 인간의 죄를 대속하기 위해 오신다. 메시아는 세상에 공의와 정의를 실현하기 위하여 오신다. 그러나 그가 이 일을 실현하기 전에 해야 할 일이 있다. 죄로 인하여 깨어져 버린 하나님과 인간의 관계를 회복하는 것이다. 그러므로 메시아가 받은 첫 임무는 하나님과 인간 사이의 간격을 좁혀 둘이 하나 되게 하는 것이다. 이사야 선지자는 메시아가 백성들의 죗값을 치르기 위하여 스스로 죽음을 맞이할 것이라고 한다(53:4-5). 이 일은 메시아가 자청한 일이기도 하지만(53:7-9), 또한 하나님의 계획이었다고 선지자는 선언한다(53:10).

예배와 영성

이사야는 '구약의 신학자'로 불릴 정도로 메시지가 정교하고 체계적이며 논리적이라고 평가된다. 그러나 그의 신학은 이론에서 멈추지 않았다. 그는 철저한 이론가이면서 동시에 현실의 문제에 매우 민감했던 실천가였다. 그는 우리의 믿음과 영성이 삶에서 열매로 나타나지 않으면 무용지물이라는 것을 그 누구보다도 잘 알고 강조했던 선지자였다. 그러므로 이사야가 이스라엘의 예배를 문제삼은 것은 예배가 백성의 경건하고 의로운 삶의 연장이 아니라 그들의 부도덕한 행위를 덮어 주고 액운이나 때워 주는 수단으로 이용되고 있었기 때문이다.

이스라엘은 사회적 집단이기 전에 종교적 목표와 의미를 지니고 형성된 공동체였다는 점을 감안할 때, 이 공동체에 속한 모든 사람들은 사회 운명에 필요한 원칙들과 질서에 대한 규례들을 철저히 준수해야만 했다. 한 백성으로서 함께 모여 여호와께 격식과 규례에 따라 제사를 드리는 것만큼 일상생활에서 한 공동체로서 서로를 공의와 공평으로 대하는 일도 중요했던 것이다. 그러나 이스라엘은 곧 서로에 대한 도덕적, 공동체적 책임을 등한시하거나 회피하기 시작했다. 반면에 예식과 제사에 관한 율법만을 중요시하는 풍조가 예배를 드리던 성소들을 중심으로 온 나라에 팽배했고, 마침내 예배와 제사가 율법의 모든 것으로 여겨지기 시작했다.

이사야는 공동체에 속해 있는 가난하고 불쌍한 자들에게 긍휼을 베풀지 않고 인색하며 배려도 하지 않으면서 오히려 세상에서 가장 연약한 자들에게서 착취한 것들을 여호와께 드릴 제물로 둔갑시켜 성전에 들여놓았던 자들에게 하나님의 거룩한 진노를 쏟아 부었다. 이사야는 의롭고 경건한 삶이 뒷받침하지 않는 예배는 믿음이나 영성이 아니라 위선이요 가증함이라고 선포하며 이런 이유로 위선적인 삶을 사는 자들에게 차라리 예배를 드리지 말라고 권면했던 것이다.
이사야가 이스라엘의 제사에서 제기했던 또 하나의 문제는 형식과 절차가 예배의 본질과 의도를 대체하고 있다는 것이다. 예배의 본 목적은 평소에 경건하게 살려고 노력하는 자들이 그렇게 살 수 없는 자신의 한계를 시인하여 상한 마음을 안고 나아와 용서와 치유를 경험하고, 이러한 은혜를 베푸시는 여호와 하나님의 임재를 체험하는 것이다.
그러나 세월이 지나면서 예배의 본 의도는 잊혀져갔고 어떤 제물이 언제, 어디서, 어떤 예식에 따라 드려지는가가 사람들의 관심사가 되었다. 물론 밖으로 드러나는 형식이 전혀 중요하지 않다고 말하는 것은 아니다. 그러나 외형적인 것들이 내면적인 것들을 대체하는 예배로는 더 이상 예배가 추구하고자 하는 효과를 거둘 수 없다. 이에 이사야는 분노했던 것이다.
선지자는 이처럼 외형적인 것에 치우치지 않고, 결코 그 무엇으로도 대체할 수 없는 것을 추구하는 예배를 갈망했다. 또한 경건한 삶의 연장선이라는 차원에서 일상 생활 가운데 끊임없이 공평과 의를 추구하는 삶으로 드리는 제물로 가득 찬 제사를 요구했다. 이사야 선지자의 예배관은 곧 그의 믿음의 표출이면서 우리에게 예배와 영성이 어떻게 조화로운 관계를 유지해야 하는가를 잘 보여 주고 있다.

소명과 희생

이사야는 자신의 소명과 선포한 메시지를 희생과 헌신으로 뒷받침하는 영적으로 매우 성숙한 모습을 보인다. 그는 하나님의 명령에 따라 이집트에 임할 운명을 경고하면서 3년 동안 벌거벗은 채, 혹은 속옷만 걸친 모습으로 거리를 활보했다(20장). 선지자의 벌거벗은 모습을 본 사람들 가운데 하나님을 믿지 않는 사람들은 이사야를 정신 이상자로 취급했을지도 모른다.
또 하나님은 이스라엘에게 임할 포로생활에 대하여 지속적으로 경고하기 위하여 이사야의 아들들에게 '스알야숩'(lit., 남은 자가 돌아올 것이다)과 '마할살랄하스바스'(lit., 노략이 속히 올 것이다)라는 이름을 주셨다. 아이들의 이름이 불릴 때마다 다가올 민족의 운명을 경고하는 것은 좋지만, 아이들의 이름이라고 하기에는 억양이 좋지 않고, 마음도 편하지가 않은 것이 사실이다. 아마도 아이들은 이름으로 인해 놀림을 당하거나 구설수에 오르는 일도 허다했을 것이다. 그러나 이 모든 것 중에서 이사야가 소명에 부합한 삶을 살기 위하여 감수해야 했던 가장 큰 희생은 아마도 세상적인 성공을 포기하는 일이었을 것이다.

하나님이 이사야 선지자에게 주신 소명은 확고하다. "사람들이 회개하고 돌아오는 것을 막고 훼방하라." 이 말씀은 우리뿐만 아니라 이사야 자신에게도 매우 충격적이었을 것이다. 더 나아가 이 말씀은 이사야에게 세상적인 관점에서의 성공을 포기하라는 요구를 내포하고 있다. 이사야가 선포한 설교는 사람들이 좋아할 메시지가 아니었기 때문에 결국 청중은 그의 곁을 떠났고, 심지어 그를 기피하기에 이르렀다. 실제로 이사야는 훗날 자신은 '실패한 사역자'라고 고백한다(49:4). 이사야는 하나님의 눈에 성공한 자가 되기 위하여 세상의 눈에는 실패한 자의 길을 선택했던 것이다.

하나님

이사야에게 가장 강한 인상을 남긴 하나님의 모습은 '이스라엘의 거룩하신 이'로서의 하나님이시다. 이사야의 소명 체험이 이 사상의 기초를 이루고 있다(6장). 구약에서 '거룩'이라는 단어가 세 번 반복되는 곳은 여기뿐이다. '이스라엘의 거룩하신 이'라는 표현은 이사야서에서 총 25회 사용되었다(1-30장[x12]; 40-55장[x11]; 56-66장[x2]). 그밖에 구약의 다른 부분에서는 단지 6회밖에 사용되지 않았다. 즉 이사야가 '득허를 낸' 표현인 것이다.

'거룩하다'의 기본적인 개념은 '구분하다, 분류하다'이다(참조. 레 11:44-45; 19:2; 20:7). "내가 거룩한 것같이 너희도 거룩하라." 거룩함은 이스라엘과 하나님의 언약관계에 근거하여 새롭게 형성된 이스라엘의 신분을 기초로 한 개념이다. 하나님은 이스라엘을 열방에서 구분하여 그의 백성으로 삼아 '거룩하게' 하셨던 것이다. 그러므로 이스라엘은 더 이상 열방처럼 살아서는 안 되며, 분리된 삶을 통하여 하나님께 선택받은 백성의 복된 신분을 드러내야 한다.

남은 자

하나님의 심판을 견디어 내고 살아남은 소수의 사람들이 남은 자들의 중심을 이룬다. 이들은 인류를 계승하거나 족속을 계승하게 된다. 여호와께서는 남은 자를 통해 하나님의 백성 중 '진짜와 가짜'를 가려내신다. 남은 자 사상은 하나님의 거룩하심을 강조한다. 이스라엘의 거룩하신 이가 죄인들을 심판하리라는 예언적 의미를 내포하고 있다. 심판이 오지 않는다면 남은 자가 있을 수가 없기 때문이다. 그러므로 남은 자 사상이 한편으로는 불투명한 주의 백성의 장래를 암시한다.

남은 자는 또한 하나님의 은혜를 강조한다(4:2–3; 11:1–16). 혹독한 심판 후에도 남은 자들은 돌아올 것이며 이들은 하나님께 의지할 것이다(10:20–23). 모든 것이 끝나 버렸다는 생각에 사로잡힐 수 있는 순간에 바로 새로운 역사가 시작될 것이라는 점을 강조하는 것이 '남은 자 사상'이다. 심판이 있은 후 남은 자들은 예루살렘을 신실하고 의로운 도시로 만들어 나갈 것이다(1:21–26). 그들은 땅에 뿌리를 내리며 풍성한 삶을 이룩할 것이다(37:30–32).

시온 사상

이사야서에서 시온 사상은 여러 곳에 보인다(참조. 28–32장). 이사야서의 시온 사상은 구약의 시온 사상과 다음과 같은 차이점을 보인다. 첫째, 열방을 심판하시는 하나님이 이스라엘을 심판하는 분으로 변할 수 있는 가능성을 포함한다(29:1–8). 이스라엘 사람들은 이 점을 인정하지 않았다. 그러므로 선지자는 확실한 믿음을 요구하고 있다(7:1–9). 시온 사상은 거룩한 전쟁과 연결된다. 하나님이 우리를 대신하여 싸워 주시는 행위인 거룩한 전쟁의 필수 조건은 우리의 흔들리지 않는 믿음이다. 둘째, 이사야서는 그의 청중들에게 신학적인 허세에 불과한 잘못된 시온 사상보다는 비밀스럽고 놀라운 하나님의 섭리와 계획을 믿으라는 것을 강조하고 있다(5:12, 19; 14:24–27; 28:21).

4. 구조와 개요

Ⅰ. 유다와 예루살렘에 선포된 심판과 구원(1:1–12:6)

1장 서론(1:1–31)

2장 위대하신 하나님과 교만한 백성(2:1–4:6)

3장 하나님의 기대와 실망(5:1–30)

4장 선지자의 소명(6:1–13)

5장 임마누엘 아이(7:1–9:7)

6장 심판(9:8–10:19)

7장 구원과 회복(10:20–12:6)

Ⅱ. 열방 심판(13:1–23:18)

1장 바빌론과 왕(13:1–14:27)

2장 블레셋(14:28–32)

3장 모압(15:1–16:14)

4장 시리아와 에티오피아(17:1–18:7)

5장 이집트(19:1–20:6)

6장 해변 광야(21:1–10)

7장 두마(21:11–12)

8장 아라비아(21:13–17)

9장 환상의 골짜기(22:1–25)

10장 두로(23:1–18)

Ⅲ. 이사야의 종말 환상(24:1–27:13)

1장 세상에서 진행되는 하나님의 추수(24:1–13)

2장 세상 사람들 중 남은 자들의 노래(24:14–16a)

3장 악한 세상이 파괴됨(24:16b–20)

4장 기다리는 세상(24:21–23)

5장 파괴된 도시의 노래(25:1–5)

6장 시온 산(25:6–12)

제1주 파멸 X 구원 O

이사야 40:1-17

복습

1 히스기야는 바빌론 사절단을 어떻게 대했는가?(39:2)

......

......

......

이사야 40:1-17

40:1 너희의 하나님이 이르시되
너희는 위로하라
내 백성을 위로하라
2 너희는 예루살렘의 마음에 닿도록 말하며
그것에게 외치라
그 노역의 때가 끝났고
그 죄악이 사함을 받았느니라
그의 모든 죄로 말미암아
여호와의 손에서 벌을 배나 받았느니라 할지니라 하시니라
3 외치는 자의 소리여 이르되
너희는 광야에서 여호와의 길을 예비하라
사막에서 우리 하나님의 대로를 평탄하게 하라

4 골짜기마다 돋우어지며
산마다, 언덕마다 낮아지며
고르지 아니한 곳이 평탄하게 되며
험한 곳이 평지가 될 것이요
5 여호와의 영광이 나타나고
모든 육체가 그것을 함께 보리라
이는 여호와의 입이 말씀하셨느니라
6 말하는 자의 소리여 이르되 외치라
대답하되 내가 무엇이라 외치리이까 하니
이르되 모든 육체는 풀이요
그의 모든 아름다움은 들의 꽃과 같으니
7 풀은 마르고 꽃이 시듦은
여호와의 기운이 그 위에 붊이라
이 백성은 실로 풀이로다
8 풀은 마르고 꽃은 시드나
우리 하나님의 말씀은 영원히 서리라 하라
9 아름다운 소식을 시온에 전하는 자여
너는 높은 산에 오르라
아름다운 소식을 예루살렘에 전하는 자여
너는 힘써 소리를 높이라
두려워하지 말고 소리를 높여
유다의 성읍들에게 이르기를
너희의 하나님을 보라 하라
10 보라
주 여호와께서 장차 강한 자로 임하실 것이요
친히 그의 팔로 다스리실 것이라
보라
상급이 그에게 있고 보응이 그의 앞에 있으며
11 그는 목자 같이 양 떼를 먹이시며
어린 양을 그 팔로 모아 품에 안으시며

젖먹이는 암컷들을 온순히 인도하시리로다
12 누가 손바닥으로 바닷물을 헤아렸으며
뼘으로 하늘을 쟀으며
땅의 티끌을 되에 담아 보았으며
접시 저울로 산들을,
막대 저울로 언덕들을 달아 보았으랴
13 누가 여호와의 영을 지도하였으며
그의 모사가 되어 그를 가르쳤으랴
14 그가 누구와 더불어 의논하셨으며
누가 그를 교훈하였으며
그에게 정의의 길로 가르쳤으며
지식을 가르쳤으며
통달의 도를 보여 주었느냐
15 보라
그에게는 열방이 통의 한 방울 물과 같고
저울의 작은 티끌 같으며
섬들은 떠오르는 먼지 같으리니
16 레바논은 땔감에도 부족하겠고
그 짐승들은 번제에도 부족할 것이라
17 그의 앞에는 모든 열방이 아무것도 아니라
그는 그들을 없는 것 같이,
빈 것 같이 여기시느니라

말씀 돋보기(관찰)

1 모든 것을 반전시키시는 하나님이 선지자에게 선포하라고 한 메시지는 무엇인가?(40:1-2)

....

Tip 1-39장에는 심판에 대한 메시지가 선포되는데, 40장부터 선포되는 메시지는 '죄에 대한 대가가 만족할 만큼 치러졌다'(2절) 이다. 이스라엘이 포로로 끌려간 것은 아시리아나 바빌론이 강했기 때문이 아니라, 그들이 하나님의 율법을 제대로 준수하지 않았기 때문이다. 즉 이스라엘은 이방인에게 억울하게 당한 것이 아니라 자신들의 죄에 대한 대가를 치렀던 것이다. 그러므로 여기서 하나님이 주시는 '위로'는 이스라엘의 억울한 고통에 대한 보상이 아니라 일방적으로 주어지는 하나님의 용서와 은혜의 결과이다. 주의 백성을 향한 하나님의 심판은 파멸이 아니라 구속이며, 죽음이 아니라 생명이라는 하나님의 위로가 주의 백성 가운데 임하기 시작한 것이다.

2 하나님의 길은 어떻게 예비하며, 하나님의 길을 예비한다는 의미는 무엇인가?(40:3-5)

a)

b)

Tip 하나님은 주의 백성에게 광야에 대로를 건설하라고 하신다. 광야는 주의 백성을 그들의 땅으로부터 떼어놓은 곳이다. 그러므로 하나님은 자신의 백성을 회복시키려면 광야 문제를 먼저 극복하셔야 한다. 낮은 곳은 돋우고, 높은 곳은 평탄케 하여 하나님의 영광이 백성에게 임하도록 해야 한다. 영적인 걸림돌을 제거하라는 의미이다. 선지자는 주의 백성에게 여호와께서 오실 것을 믿고 확신하며 준비작업을 시작하라고 당부한다. 이 같은 권면은 실의에 빠져 있던 백성에게 감당하기 어려운 요구였을 것이다. 그러나 선지자는 하나님의 영광을 맞이하기에 합당한 마음 자세를 가다듬고, 결단하는 삶을 이행하라고 권면한다. 그들의 삶에서 '패이고 높은 것을 평탄케 하라' 고 요구하고 있다.

3 영원히 있을 것 같은 세상 권세의 실체는 무엇으로 비교되었는가?(40:6-8)

a)

b)

Tip 영원히 있을 것 같은 세상 권세는 '모든 육체는 풀이요 그의 모든 아름다움은 들의 꽃과 같다. 여호와께서 그 위에 입김을 부시면, 풀은 마르고 꽃은 시든다'(cf. 6-7절). 하나님의 구원과 임재를 반대할 것으로 예측되는 세상 권세의 실체는 오늘 있다가 내일 사라질 들꽃의 생명력과 같다. 게다가 이들 위에 '여호와의 바람'이 불면 그들은 순식간에 말라 버릴 것이다(7절). 선지자는 여기서 고대근동 지방에 잘 알려진 이미지를 사용한다. 5월이 되면 동쪽에서 불어 오는 함신이라는 매우 건조한 사막의 바람이 있다. 이 바람은 불기 시작하면 48시간 이내에 모든 풀을 말려 갈색으로 변하게 하는 엄청난 파괴력을 지녔다. 이스라엘과 그들이 두려워하는 적들은 바로 이 사막 바람 앞에 놓인 풀과 같다는 의미이다.

4 12-14절에서 하나님의 능력은 어떻게 표현되고 있는가?(40:12-14)

a)

b)

c)

d)

Tip 그 분은 '바닷물을 손바닥으로 떠서 헤아려 보셨고, 뼘으로 하늘을 재어 보신 분이다. 온 땅의 티끌도 되로 담아 보고, 산들을 어깨 저울로 달아 보시고, 언덕들을 손저울로 달아 보신 분'이다. '물과 하늘' 그리고 '티끌과 산'은 대조를 이루는 한 쌍이다. 이 세상에서 가장 높은 곳에서 낮은 곳에 이르기까지, 가장 작은 것에서 큰 것에 이르기까지 모두 다 하나님의 헤아림 아래 있다는 의미이다. 이것은 여호와께서 방대하고 포괄적인 지식을 갖고 계시다는 것을 강조한다. 그 분이 이 모든 것을 자신의 계획대로 정확하게 창조하여 가장 적절한 곳에 배치하셨다. 세상을 창조하신

분이니 세상에 대해 가장 잘 아시는 것은 당연한 일이다.

5 곤경에 처한 이스라엘이 유일하게 할 수 있는 것은 무엇인가?(40:16)

Tip 곤경에 처한 이스라엘이 유일하게 할 수 있는 일은 하나님을 예배하는 것이다. 선지자는 하나님이 얼마나 위대하신지 이 세상의 어떠한 규모의 예배와 제물도 그 분이 받기에는 미흡하다고 선언한다(16절). 여호와는 이 세상의 그 어떠한 세력에 의해서도 저해될 수 없는 절대적이고 전능하신 분이기에, 레바논 숲에 사는 모든 짐승을 제물 삼고, 레바논 숲의 모든 나무를 장작 삼아 하나님께 예배 드려도 결코 그분을 제대로 경배할 수 없다. 이스라엘의 하나님 여호와는 바로 이런 분이다. 그렇게 때문에 때로 우리가 현실을 보면 낙심이 되어도 하나님을 바라보면 힘을 얻게 되는 것이다.

삶의 내비게이션(적용)

1 하나님은 바벨론 포로생활에 절망하는 주의 백성에게 위로의 메시지를 선포하신다. 당신은 어느 때 위로가 필요했는가?

관찰문제 1번 참고,

2 주의 길을 예비하기 위해 당신의 삶에서 패이고 상처받은 것은 무엇인가? 당신의 삶에서 현재 평탄하게 해야 하는 부분은 무엇인가?

관찰문제 2번 참고,

3 하나님의 능력은 바닷물을 손바닥으로 재고 하늘을 뼘으로 재시는 분이시다. 하나님의 능력을 당신의 삶에서 나타낼 수 있는 방법은 무엇인가?

관찰문제 4번 참고,

생활의 아로마(실천)

제2주 두려워 말라

이사야 41:8-13

복습

1 하나님의 길은 어떻게 예비하며, 하나님의 길을 예비한다는 의미는 무엇인가?(40:3-5)

a)

b)

이사야 41:8-13

41:8 그러나 나의 종 너 이스라엘아
내가 택한 야곱아
나의 벗 아브라함의 자손아
9 내가 땅 끝에서부터 너를 붙들며
땅 모퉁이에서부터 너를 부르고
네게 이르기를 너는 나의 종이라
내가 너를 택하고 싫어하여 버리지 아니하였다 하였노라
10 두려워하지 말라
내가 너와 함께 함이라
놀라지 말라
나는 네 하나님이 됨이라
내가 너를 굳세게 하리라

참으로 너를 도와 주리라
참으로 나의 의로운 오른손으로 너를 붙들리라
11 보라 네게 노하던 자들이
수치와 욕을 당할 것이요
너와 다투는 자들이 아무것도 아닌 것 같이 될 것이며
멸망할 것이라
12 네가 찾아도 너와 싸우던 자들을 만나지 못할 것이요
너를 치는 자들은 아무것도 아닌 것 같고
허무한 것 같이 되리니
13 이는 나 여호와 너의 하나님이 네 오른손을 붙들고
네게 이르기를 두려워하지 말라
내가 너를 도우리라 할 것임이니라

말씀 돋보기(관찰)

1 하나님은 이스라엘을 어떻게 부르시는가? 그렇게 부르시는 이유는 무엇인가?(41:8)

a)

b) 이유:

Tip

하나님은 좌절한 이스라엘 백성에게 그들의 주인으로서 위로의 말씀을 주신다. '나의 종 너 이스라엘아 나의 택한 야곱아 나의 벗 아브라함의 자손아'(8절). 이스라엘을 '나의 종'이라 부르시는 것은 그들에게 위로와 친근감을 주기 위함이다. 하나님이 옛적에 아브라함, 모세, 다윗 등 이들의 조상을 종(하나님의 사역을 감당하는 자)으로 세우셨던 것처럼, 이스라엘을 자신의 사역에 동참시키고자 하시는 의지에 변함이 없음을 암시하는 애칭이다. 또한 이스라엘과 하나님의 언약관계의 원형이 될 수 있

는 아브라함을 '나의 벗' 으로 부르시는 것은, 이스라엘과 여호와 사이에 체결된 언약 관계가 법률적이고 냉철한 조항들만을 준수해야 하는 계약(contract)에 의한 관계가 아니라 끈끈한 정이 있고 인간미가 넘치는 관계에 의한 언약(covenant)이였음을 강조한다.

2 이스라엘의 포로생활은 죄로부터 정결케 하고자 하는 하나님의 의지이다. 이것을 표현하는 말씀은 무엇인가?(41:9)

....

Tip

이스라엘이 어떻게 느끼고 어떻게 생각하든지, 하나님은 한 번도 그들을 버리신 적이 없으며 그들은 여전히 하나님의 백성이다(9절). 죄가 결코 하나님이 그들을 버리게 만드는 요인이 될 수는 없었던 것이다. 그러므로 이스라엘의 포로 생활은 그들을 죄로부터 정결케 하고자 하는 하나님의 의지에서 비롯된 것이라고 선언했다. 하나님이 정결케 하기 위해 잠시 열방으로 보낸 백성에게 "너를 택하고 싫어 버리지 아니하였다"고 말씀하신다.

3 하나님이 이스라엘에게 명령하시는 두 가지와 약속하시는 두 가지는 무엇인가?(41:10)

a) 명령:

....

b) 약속:

....

Tip

하나님은 자기 백성을 버리지 않으셨을 뿐만 아니라 지금 이 순간에도 그들과 함께 하신다(10절). 그러므로 그들은 두려워할 필요가 없다. 하나님이 함께하시면 감히 누가 우리를 대적 하겠는가. 또한 하나님은 이스라엘과 함께하시면서 그들의 방어벽이 되어 주실 뿐만 아니라 그들을 강하게 하신다(10절). 그러므로 주의 백성을 대적할 자가 없다(10절).

이스라엘이 두려워 말아야 하는 이유 → 하나님이 함께 하시니까!

이스라엘이 놀라지 말아야 하는 이유 → 하나님이 그들의 하나님이시니까!

이스라엘을 굳세게 하시므로 → 하나님이 도와주실 것이다!

하나님의 의로운 오른손으로 이스라엘을 확실히 붙드실 것이다!

4 이스라엘이 패배할 수 없는 이유는 무엇인가?(41:10, 13)

....

Tip 이스라엘이 패배할 수 없는 이유는 바로 하나님의 오른팔이 그들을 돕기 때문이다(10,13절). 주의 백성을 대적하는 자들은 도무지 승리할 수 없는 무모한 싸움이다. 세상의 어떤 민족이라도 이스라엘을 상대로 승리하지 못하고 패할 것이다.

5 이스라엘이 현재 처한 포로생활은 어떻게 해석되어야 하는가?(41:11–13)

....

Tip 이스라엘은 죄로 인하여 고난을 당하고 있지만 패배한 것은 아니다. 이스라엘이 패배할 수 없는 이유는 바로 하나님의 오른팔이 그들을 돕기 때문이다(10,13절). 주의 백성을 대적하는 자들은 도무지 승리할 수 없는 무모한 싸움이다. 이스라엘을 치는 자들은 아무것도 아닌 것 같고 허무한 것이 되는데 이는 하나님이 함께 하시기 때문이다. 이스라엘은 잠시 연단의 과정을 지나고 있는 것이다. 이처럼 놀라운 능력의 하나님이 함께 하시는데, 주의 백성은 자주 절망하고 실패한다. 왜냐하면 주의 백성이 세상에서 승리하는 삶을 사는데 가장 큰 걸림돌이 되는 것은 대적들이 아니라 패배감과 좌절에 휩싸이기 쉬운 자기 자신 때문이다. 건강한 자아상과 세계관은 신앙생활의 필수 조건들일 뿐만 아니라, 승리하는 삶의 원동력이다.

삶의 내비게이션(적용)

1 주의 백성은 두려워할 필요가 없다고 한다. 그러나 우리는 순간순간

두려움을 느끼고 살아간다. 당신이 가장 두려웠던 순간은 언제였고, 또는 무엇이 가장 두려웠는가?

관찰문제 3번 참고,

2 이스라엘은 현재 포로생활을 하고 있는데 당신의 삶에서도 패배감과 좌절감을 느끼는 것은 무엇인가?

관찰문제 5번 참고,

3 하나님과의 관계에서 당신은 계약(contract)적인 관계에 더 가까운가? 아니면 언약(covenant)적인 관계에 더 가까운가?

관찰문제 1번 참고,

생활의 아로마(실천)

제3주 종의 노래

이사야 42:1–9

복습

1 하나님이 이스라엘에게 명령하시는 두 가지와 약속하시는 두 가지는 무엇인가?(41:10)

a) 명령:

b) 약속:

이사야 42:1–9

42:1 내가 붙드는 나의 종,
내 마음에 기뻐하는 자
곧 내가 택한 사람을 보라
내가 나의 영을 그에게 주었은즉
그가 이방에 정의를 베풀리라
2 그는 외치지 아니하며
목소리를 높이지 아니하며
그 소리를 거리에 들리게 하지 아니하며
3 상한 갈대를 꺾지 아니하며
꺼져가는 등불을 끄지 아니하고
진실로 정의를 시행할 것이며
4 그는 쇠하지 아니하며

낙담하지 아니하고
세상에 정의를 세우기에 이르리니
섬들이 그 교훈을 앙망하리라
5 하늘을 창조하여 펴시고
땅과 그 소산을 내시며
땅 위의 백성에게 호흡을 주시며
땅에 행하는 자에게 영을 주시는
하나님 여호와께서 이같이 말씀하시되
6 나 여호와가 의로 너를 불렀은즉
내가 네 손을 잡아 너를 보호하며
너를 세워 백성의 언약과 이방의 빛이 되게 하리니
7 네가 눈먼 자들의 눈을 밝히며
갇힌 자를 감옥에서 이끌어 내며
흑암에 앉은 자를 감방에서 나오게 하리라
8 나는 여호와이니 이는 내 이름이라
나는 내 영광을 다른 자에게,
내 찬송을 우상에게 주지 아니하리라
9 보라
전에 예언한 일이 이미 이루어졌느니라
이제 내가 새 일을 알리노라
그 일이 시작되기 전에라도 너희에게 이르노라

말씀 돋보기(관찰)

1 본문은 종의 소명에 대해 세가지 정보를 제공한다. 종의 선택, 종에게 수여되는 능력, 종의 임무이다. 각각에 해당하는 말씀은 무엇인가?(42:1)

a) 선택: ……………………………………………………………………………

b) 능력:

c) 임무:

Tip 첫째, 하나님은 종을 선택할 때 제일 먼저 종과 자신의 관계를 중요시하신다. '내가 붙드는 자', '나의 종', '내 마음에 기뻐하는 자', '나의 택한 자'. 모두 하나님과 종의 관계를 매우 강조한다. 그러므로 하나님의 종이 가장 중요시하고 열심히 노력해야 하는 것은 바로 주인과의 관계이다.
둘째, 하나님은 종에게 능력을 부어주신다(1b절). 자신과 종의 관계를 확인하신 다음 하나님은 '나의 신'을 종에게 주신다. 평범한 능력이 아니라 하나님의 신이 그에게 주어진 것이다(cf. 11:2–4; 61:1–3). 하나님의 사역은 근본적으로 주님이 주시는 능력으로 하는 것이다. 그러므로 내가 그분을 위해 무엇을 한다는 것보다 더 중요한 것은 그분으로부터 능력을 받는 것이다.
셋째, 종의 임무는 열방에 공의를 베풀기 위해 선택을 받았다. 종이 열방에 베풀어야 하는 '공의'는 이방 사람들이 신으로 숭배하는 것들은 결코 신이 아니라고 밝히는 것이다. 그러므로 하나님이 말씀을 세상에 선포함으로써 여호와만이 유일한 하나님이라는 것을 선포하는 것이 바로 '공의'를 베푸는 것이다.

2 하나님의 선택을 받은 종은 열방에 공의를 베푸는 소명을 받았다. 종의 사역의 특징을 나타내는 5 가지는 무엇인가?(42:2–3)

a)

b)

c)

d)

e)

Tip 외치지 아니한다. 높이지 아니한다. 들리게 하지 아니한다. 꺾지 아니한다. 끄지 아니한다. 무엇보다도 종의 사역은 은밀하게 진행되며 세상 사람들이 전혀 의식하지 못하는 상황에서 전개된다. 외치지 아니한다와 들리게 하지 아니한다는 종이 매우 겸손하여 최대한 자신을 알리지 않으면서 사역해 갈 것을 암시한다. '상한 갈대를 꺾지 아니하며'는 고통 당하는 자들에게 매우 부드럽게 대할 것을 암시한다. 종의 사역은 치유와 회복에 초점을 맞추기 때문이다.

3 하나님의 종이 사역을 감당하는데 있어서 예상되는 일은 무엇인가?(42:4)

....

Tip 하나님의 종은 사역에 소진되고 낙담할 수 있다. 저자는 종이 하나님에 의해 세움을 받았기 때문에 그의 사역이 무조건 쉬울 것이라고 하지 않는다. 오히려 그의 사역에 엄청난 고난과 시련을 동반할 것을 암시한다. 이것은 남을 세우고 치유하는 사역을 감당할 종이 오히려 꺾이고 상처받을 수 있는 상황에 놓일 것을 암시한다. 우리는 하나님이 주시는 소명은 실천하기 쉽다고 생각하는 착각에 빠진다. 그러나 본문은 다른 가르침을 준다. 본문이 노래하는 종처럼 하나님의 사명을 확실하게 받은 사람도 없다. 더군다나 하나님의 영(능력)이 직접 그의 사역을 돕고 있다. 그럼에도 불구하고 이를 악물어야 하는 시련과 연단이 종의 사역과 함께 할 것이라고 경고한다.

4 종에게 능력을 주시는 하나님은 어떤 분인가?(42:5)

a) ....

b) ....

c) ....

d) ....

Tip 하나님은 우주만물을 창조하신 분, 우주만물을 다스리시는 분, 인간의 생명을 주장하시는 분, 영을 주시는 분으로 노래한다. 우주만물의 통치자께서 종의 능력의 근거가 되신 것에 무한한 경의를 표하는 것이다. 그만큼 종과 하나님의 관계가 범상치 않음을 암시한다. 하나님의 능력을 강조하기 위해 이사야는 선지서에서 단 한 번 발견되는 '하나님 여호와'라는 성호를 이곳에서 사용한다.

5 이방인의 빛이 되어야 하는 종의 사명은 구체적으로 무엇인가?(42:7)

a) ....

b) ....

c) ....

Tip 하나님의 종은 소외되고 고통받는 자들을 구원하는 사역에 중점을 두게 될 것이다. '소경의 눈을 밝히라', '갇힌 자를 옥에서 이끌어 내라', '흑암에 처한 자를 거기에서 나오게 하라.' 여기서 소경, 갇힌 자는 문맥상 분명히 이스라엘, 이방인들을 포함하고 있다. 소경, 갇힌 자, 흑암에 처한 자는 육체적 장애를 겪고 있는 자들로 해석될 수도 있고, 영적인 어둠과 속박을 비유로 표현한 것으로 해석할 수도 있다. 이스라엘은 심판을 받아 바빌론이라는 흑암에 갇혔고, 열방은 우상숭배 때문에 소경이 되었다(cf. 42:18-20)

삶의 내비게이션(적용)

1 당신이 기억하는 종의 특징에 부응하는 지도자는 누가 있는가?

관찰문제 2번 참고,

....

....

....

....

2 하나님의 일이라고 생각하면서 열심을 내다가 스스로, 타인에 의해서 현재 '소진'되거나 '낙담'한 것은 무엇인가?

관찰문제 3번 참고,

3 종의 사역은 결코 순탄하지 않을 것이라고 하는데 당신의 사역(삶)에서 꼭 기억해야 하는 것은 무엇인가? 결국 종의(우리의) 사역은 무엇을 목표로 하는가?

관찰문제 1번 참고,

생활의 아로마(실천)

제4주 창조주 + 소유주 = 구원자!

이사야 43:1–13

복습

1 이방인의 빛이 되어야 하는 종의 사명은 구체적으로 무엇인가?(42:7)

a)

b)

c)

이사야 43:1–13

43:1 야곱아 너를 창조하신 여호와께서 지금 말씀하시느니라
이스라엘아 너를 지으신 이가 말씀하시느니라
너는 두려워하지 말라
내가 너를 구속하였고
내가 너를 지명하여 불렀나니
너는 내 것이라
2 네가 물 가운데로 지날 때에 내가 너와 함께 할 것이라
강을 건널 때에 물이 너를 침몰하지 못할 것이며
네가 불 가운데로 지날 때에 타지도 아니할 것이요
불꽃이 너를 사르지도 못하리니
3 대저 나는 여호와 네 하나님이요
이스라엘의 거룩한 이요 네 구원자임이라

내가 애굽을 너의 속량물로,

구스와 스바를 너를 대신하여 주었노라

4 네가 내 눈에 보배롭고 존귀하며

내가 너를 사랑하였은즉

내가 네 대신 사람들을 내어 주며

백성들이 네 생명을 대신하리니

5 두려워하지 말라

내가 너와 함께 하여

네 자손을 동쪽에서부터 오게 하며

서쪽에서부터 너를 모을 것이며

6 내가 북쪽에게 이르기를 내놓으라

남쪽에게 이르기를 가두어 두지 말라

내 아들들을 먼 곳에서 이끌며

내 딸들을 땅 끝에서 오게 하며

7 내 이름으로 불려지는 모든 자

곧 내가 내 영광을 위하여 창조한 자를 오게 하라

그를 내가 지었고 그를 내가 만들었느니라

8 눈이 있어도 보지 못하고

귀가 있어도 듣지 못하는 백성을 이끌어 내라

9 열방은 모였으며 민족들이 회집하였는데

그들 중에 누가 이 일을 알려 주며

이전 일들을 우리에게 들려 주겠느냐

그들이 그들의 증인을 세워서

자기들의 옳음을 나타내고

듣는 자들이 옳다고 말하게 하여 보라

10 나 여호와가 말하노라

너희는 나의 증인,

나의 종으로 택함을 입었나니

이는 너희가 나를 알고 믿으며

내가 그인 줄 깨닫게 하려 함이라

나의 전에 지음을 받은 신이 없었느니라
나의 후에도 없으리라
11 나 곧 나는 여호와라
나 외에 구원자가 없느니라
12 내가 알려 주었으며 구원하였으며 보였고
너희 중에 다른 신이 없었나니
그러므로 너희는 나의 증인이요
나는 하나님이니라
여호와의 말씀이니라
13 과연 태초로부터 나는 그이니
내 손에서 건질 자가 없도다
내가 행하리니 누가 막으리요

말씀 돋보기(관찰)

1 하나님이 자기 백성에게 두려워하지 말라고 하시는 이유와 그들에게 보장하시는 것은 무엇인가?(43:1-2)

a) 이유:

b) 보장:

Tip

비록 이스라엘이 하나님을 보지 못하고 그분의 말씀을 듣지 못하지만 좌절할 필요는 없다. 하나님의 구원을 기대하는 일에 있어서 그들의 능력이나 무능력은 큰 영향을 미치지 않기 때문이다. 하나님이 자기 백성에게 두려워하지 말라고 하시는 것은 하나님이 그들을 버리셨다는 생각이나 애초부터 그들이 여호와의 백성이 아니었다는 생각을 버리라는 의미이다. 하나님은 아직도 이스라엘을 사랑하고 귀하게 여기시며, 한 번도 그들을 버리신 적이 없다. 하나님이 이스라엘을 선택하셨고 그들을 결코 버리지 않으시리라는 것은 시간을 초월한 영원한 진리이다. 하나님이 그들에게 보장하시는 것은 끊임없는 동행이지 '만사형통'이 아니다. 하나님의 택함을 받은 백성들도 때로는 인생의 '물 가운데로 건너가야 하며', '불 속을 걸어야 한다.' 이 때 하나님이 보장하시는 것은 하나님이 그들과 늘 함께 하신다는 것이다.

2 하나님이 이스라엘과의 특별한 관계를 나타내기 위해 사용하신 표현은 무엇인가?(43:3–4)

....

Tip 하나님은 이스라엘을 구원하실 뿐만 아니라 귀하게 여기신다. 그래서 하나님은 결코 이스라엘을 포기하실 수 없다. 오래전 하나님과 이스라엘 사이에 맺어진 특별한 관계에서 그 이유를 찾을 수 있다. 3절 전반부에서 '너의 하나님', '이스라엘의 거룩하신 분', '너의 구원자'라는 표현을 사용하여 하나님과 이스라엘의 특별한 관계를 강조한다.

3 여호와께서 재판관 자리에 앉으신 법정에서 출두 명령을 받은 것은 누구인가?(43:8–9)

a) ....

b) ....

Tip 여호와께서 재판관 자리에 앉으신 법정에 '눈이 있어도 보지 못하고 귀가 있어도 듣지 못하는' 이스라엘이 먼저 출두 명령을 받는다(8절). 선지자가 사용하는 이미지는 너무 오랫동안 어두운 감옥에 감금되어 시력을 거의 잃은 사람의 모습이다.

그 다음 모든 열방과 민족들이 호명을 받는다(9a절). 하나님은 이스라엘이 지켜보는 가운데 열방에게 명령하신다. "너희 신들 중에서 미래에 대해 예언할 수 있는 신이 하나라도 있다면 증인들을 세워서 증명하라!"(9b절) 혹시 열방이 숭배하는 신들 중에서 이미 일어난 일에 대해 미리 알려 주었거나 앞으로 있을 일에 대해 예언 할 수 있는 신이 있으면 호출하여 증언을 하도록 하라는 것이다. 물론 어떠한 신도 하나님 앞에 나서지 못한다. 모두 생명이 없는 거짓 신이기 때문이다. 하나님은 이스라엘에게 오직 자신들의 하나님만이 미래에 대해 예언할 수 있는 분임을 깨닫도록 하신다.

4 하나님이 이스라엘을 증인으로 채택하신 이유는 무엇인가?(43:10)

....

Tip 하나님이 우리를 종으로, 증인으로 택하신 것은 바로 우리가 그분을 알고 믿고, 깨닫게 하기 위함이다(10b절). 그동안 하나님은 이스라엘의 어리석음과 무지함에 대해 여러 가지로 지적하였다. 심지어 이스라엘은 세상에서 가장 눈먼 소경들이요, 가장 듣지 못하는 귀머거리들이라고 하셨다. 그런데 이 순간, 온 열방이 모두 집결해 있는 법정에서 하나님은 이스라엘을 자신의 예언 능력에 대한 증인으로 세우신다. 하나님의 이러한 행동은 그만큼 자신이 있음을 암시한다. 또한 하나님의 종은 온 세상 사람들 앞에서 각자 체험한 하나님의 놀라우신 능력과 사랑에 대해 증인이 된다. 하나님은 이스라엘을 증인으로 세우셔서 여호와만이 하나님이심을 깨닫게 하신다. 하나님은 처음이자 나중이신 유일한 분이다. 하나님 외에 인간의 역사를 주관하는 신은 없다.

5 하나님의 유일하심을 정의하는 세 가지는 무엇인가?(43:11-13)

a) ....

b) ....

c) ....

Tip 11-13절은 여호와만이 유일하신 신이심을 강조하고 있다. 본문은 하나님의 유일하심을 크게 세 가지로 정의한다.

첫째, 여호와만이 유일한 구세주이다(11-12절). 이사야는 하나님만이 이스라엘을 포함한 세상 모든 민족의 구세주임을 선포한다. 사람들이 이 사실을 받아들이든 거부하든 상관없이 진실은 변하지 않는다. 오직 여호와만이 세상의 구원자이다.

둘째, 여호와만이 유일한 예언자이다(12절). 선지자는 한 증거로 여호와가 태초부터 선포해 오신 예언 중에서 하나라도 성취되지 않았던 것이 있었는지 살펴보라고 한다. 하나님이 예언한 구원이 이미 성취되었다고 주장한다. 하나님은 보잘것없는 백성을 이집트의 손에서 구하겠다고 오래 전에 말씀하셨고 그대로 이루셨다. 이스라엘 사람들의 생각 속에서 과거는 미래에 대한 불확실성을 없애는 역할을 한다.

셋째, 여호와만이 온 세상을 통치하시는 유일한 주권자이다(13절). 이런 일이 가능한 것은 여호와께서 태초부터 역사를 주관해 오신 분이기 때문이다. 역사가 하나님이 계획한 곳으로 흘러가고 있다. 하나님은 자신의 유일성을 '내 손에서 건질 자가 없도다 내가 행하리니 누가 막으리요'라는 말씀으로 강조한다.

삶의 내비게이션(적용)

1 버려졌다고 생각하는 이스라엘에게 하나님은 두려워 말라고 하시면서 다가오신다. 당신이 혼자라고 느낄 때는 언제였는가?

관찰문제 1번 참고,

2 예전에는 '눈이 있어도 보지 못하고, 귀가 있어도 듣지 못하던' 것들이 세월이 지나고 나서야 새롭게 보이기 시작하고, 들리는 것에는 무엇이 있는가?

관찰문제 3번 참고,

3 구원은 그냥 저절로 얻어지는 것이 아닌, 하나님과의 특별한 관계에서만 일어날 수 있는 사건이다. 당신이 구원에 합당한 삶을 살기 위해 실천해야 하는 것은 무엇인가?

관찰문제 2번 참고,

생활의 아로마(실천)

제5주 만든 자나! 만든 것이나!

이사야 44:9-20

복습

1 하나님이 자기 백성에게 두려워하지 말라고 하시는 이유와 그들에게 보장하시는 것은 무엇인가?(43:1-2)

a) 이유:

b) 보장:

이사야 44:9-20

44:9 우상을 만드는 자는 다 허망하도다
그들이 원하는 것들은 무익한 것이거늘
그것들의 증인들은 보지도 못하며 알지도 못하니
그러므로 수치를 당하리라
10 신상을 만들며
무익한 우상을 부어 만든 자가 누구냐
11 보라 그와 같은 무리들이 다 수치를 당할 것이라
그 대장장이들은 사람일 뿐이라
그들이 다 모여 서서 두려워하며
함께 수치를 당할 것이니라
12 철공은 철로 연장을 만들고 숯불로 일하며
망치를 가지고 그것을 만들며 그의 힘센 팔로 그 일을 하나

배가 고프면 기운이 없고 물을 마시지 아니하면 피로하니라
13 목공은 줄을 늘여 재고 붓으로 긋고 대패로 밀고 곡선자로 그어
사람의 아름다움을 따라 사람의 모양을 만들어 집에 두게 하며
14 그는 자기를 위하여 백향목을 베며
디르사 나무와 상수리나무를 취하며
숲의 나무들 가운데에서 자기를 위하여 한 나무를 정하며
나무를 심고 비를 맞고 자라게도 하느니라
15 이 나무는 사람이 땔감을 삼는 것이거늘
그가 그것을 가지고 자기 몸을 덥게도 하고
불을 피워 떡을 굽기도 하고
신상을 만들어 경배하며
우상을 만들고 그 앞에 엎드리기도 하는구나
16 그 중의 절반은 불에 사르고
그 절반으로는 고기를 구워 먹고 배불리며
또 몸을 덥게 하여 이르기를
아하 따뜻하다 내가 불을 보았구나 하면서
17 그 나머지로 신상 곧 자기의 우상을 만들고
그 앞에 엎드려 경배하며 그것에게 기도하여 이르기를
너는 나의 신이니 나를 구원하라 하는도다
18 그들이 알지도 못하고 깨닫지도 못함은
그들의 눈이 가려서 보지 못하며
그들의 마음이 어두워져서 깨닫지 못함이니라
19 마음에 생각도 없고 지식도 없고 총명도 없으므로
내가 그것의 절반을 불 사르고
또한 그 숯불 위에서 떡도 굽고 고기도 구워 먹었거늘
내가 어찌 그 나머지로 가증한 물건을 만들겠으며
내가 어찌 그 나무 토막 앞에 굴복하리요
말하지 아니하니
20 그는 재를 먹고 허탄한 마음에 미혹되어
자기의 영혼을 구원하지 못하며

나의 오른손에 거짓 것이 있지 아니하냐
하지도 못하느니라

말씀 돋보기(관찰)

1 우상을 섬기고 우상에 대해 증언하는 자들은 어떻게 묘사되는가?(44:9)

....

Tip 우상을 섬기고 우상에 대해 증언하는 자들은 모두 '눈먼 자들이요', '무지한 자들'이다. 그동안 선지자는 여호와를 섬기는 이스라엘의 눈먼 것을 한탄해 왔다. 이제 그는 우상을 섬기는 열방의 눈도 멀었다고 선언한다. 그러나 여기에는 현저한 차이가 있다. 이스라엘은 놀라우신 하나님의 섭리와 능력을 보지 못하는 눈멂에 시달리고, 열방의 눈멂은 자신들의 신이 아무런 능력도 발휘하지 못하는 데도 발휘했다고 우기는 무지함이다. '눈멂'과 '무지함'은 하나님의 말씀을 제대로 깨닫지 못함에서 기인한다.

2 우상의 증인들로 나선 사람들은 결국 어떻게 될 것인가?(44:9c-11)

....

Tip 우상의 증인들로 나선 사람들은 수치를 당하게 될 것이다(9c-11절). 우상 숭배자들이 자기 신들이 하지 않았는데 했다고 증언하는 망상이 허위로 드러나는 날이 머지않아 올 것이기 때문이다.

선지자들은 우상이 사람을 타락시키는 것이 아니라 타락한 인간이 만들어 내는 것이 우상이라고 한다(cf. 11절). 그러므로 열방이 지향하는 우상 숭배는 모두 속임수에 불과한 조작극이다. 인간은 자신들의 종말을 모른 체 아무런 유익도 없는 우상을 꾸준히 만든다. 실제로 고대 사회에서 우상을 만드는 일은 상당한 규모의 '알짜 사업'이었다. 만일 우상이 사람들이 만들어낸 조작극이라는 사실을 믿을 수 없다면 우상들을 법정에 세우라는 것이 하나님의 명령이다(11절).

3 철공이 우상을 만든 후에 하는 일은 무엇이며, 이것이 의미하는 바는 무엇인가?(44:12)

a)

b) **의미:**

Tip 철공이 심혈을 기울여 우상을 만든다(12절). 그러나 어떠한 신상이 나와도 결국에는 그의 '힘센 팔과 연장'에 의해 생산되는 물건에 불과하다. 우상을 만들고 나서 철공은 먹고 마시며 휴식을 취한다. 이는 다른 물건을 만들 때와 다름이 없음을 의미한다. 여기서 초점은 인간이 우상을 만드는데 맞춰져 있다.

반면에 이스라엘은 여호와를 만드느라 피곤한 적이 없다. 오히려 여호와가 이스라엘을 만드셨기 때문에 그들이 피곤해 할 이유가 없다는 것이다(40:28-31). 그들이 여호와를 지고 다니는 것이 아니라 여호와께서 그들을 지고 다니시기에(45:20; 46:3) 그들이 배고프고 목마를 이유가 없다(43:19-20). 이와 같이 열방과 이스라엘 사이에 매우 극명한 대조가 형성된다.

4 목공은 숲의 나무들 가운데 한 나무를 정하여 무엇을 하는가?(44:13-17)

a) **절반은(16절):**

b) **절반은(17절):**

Tip 목수는 산에 가서 나무 하나를 자른다. 그 나무를 목공소로 가져와 일부는 장작 삼아 요리를 하고 연료로 사용한다. 그리고 나머지 부분으로는 우상을 설계하고 조각한 후 그 우상을 세워놓고 그 앞에 넙죽 절하며 '나의 신이여 이제 나를 구원하소서' 라고 기도한다.

우상의 재료인 나무는 땔감으로 사용했던 나무와 차이가 없다. 우상은 목수에 의해 세상에 드러났다. 인간의 결정과 능력에 의해 우상들이 세상에 드러난 것이다. 즉 인간의 능력이 우상의 모습과 크기를 좌우한다 (13절). 그럼에도 불구하고 인간은 그 앞에 절하면서 신으로 숭배한다. 철과 나무는 하나님이 인간에게 내려 주신 좋은 자재인데, 인간은 그 창조주의 복으로 그분을 섬기는 것이 아니라 그분이 가장 싫어하는 우상을 만든다.

5 우상숭배자들의 어리석음의 원인은 무엇인가?(44:18-19)

Tip 우상숭배자들은 깨닫지를 못한다. 왜냐하면 그들의 눈이 가려져서 볼 수 없고 마음이 어두워졌기 때문이다(18-19절). 이것이 영적 세계의 현실이다. 주변에는 매우 똑똑하고 사회적으로도 상당한 지위에 있는 사람들이 이단이나 어리석은 종교 집단에 많이 빠져 있는 것을 보게 된다. 우상숭배자들의 모든 노력은 한마디로 '타고 남은 재로 배를 채우려는 행위'에 불과하다(20절). 이 말씀은 14-18절을 연상시키면서 동시에 우상숭배의 허무함을 말한다. 재로 어떻게 배고픔을 달랠 수 있겠는가. 우상들은 결코 그들을 만족시키지 못할 것이다.

삶의 내비게이션(적용)

1 우상숭배자들은 눈이 가려져서 볼 수 없고, 마음이 어두워져서 깨달을 수 없다. 당신이 경험한 우상숭배자(이단, 어리석은 종교집단)는 무엇이 있는가?

관찰문제 5번 참고,

2 그리스도인도 우상에 빠질 수 있다. 당신이 알고 있는 우상은 무엇인가?

관찰문제 3, 4번 참고,

3 우상과 참 신의 차이를 구별할 수 있는 분별력은 어디서 나오는가?

관찰문제 2번 참고,

생활의 아로마(실천)

제6주 하나님의 도구

이사야 45:1-13

복습

1 우상을 섬기고 우상에 대해 증언하는 자들은 어떻게 묘사되는가?(44:9)

....

이사야 45:1-13

45:1 여호와께서 그의 기름 부음을 받은 고레스에게 이같이 말씀하시되
내가 그의 오른손을 붙들고
그 앞에 열국을 항복하게 하며
내가 왕들의 허리를 풀어
그 앞에 문들을 열고
성문들이 닫히지 못하게 하리라
2 내가 너보다 앞서 가서
험한 곳을 평탄하게 하며
놋문을 쳐서 부수며 쇠빗장을 꺾고
3 네게 흑암 중의 보화와
은밀한 곳에 숨은 재물을 주어
네 이름을 부르는 자가
나 여호와 이스라엘의 하나님인 줄을 네가 알게 하리라
4 내가 나의 종 야곱,

내가 택한 자 이스라엘 곧 너를 위하여 네 이름을 불러
너는 나를 알지 못하였을지라도 네게 칭호를 주었노라
5 나는 여호와라
나 외에 다른 이가 없나니
나 밖에 신이 없느니라
너는 나를 알지 못하였을지라도 나는 네 띠를 동일 것이요
6 해 뜨는 곳에서든지 지는 곳에서든지
나 밖에 다른 이가 없는 줄을 알게 하리라
나는 여호와라 다른 이가 없느니라
7 나는 빛도 짓고 어둠도 창조하며
나는 평안도 짓고 환난도 창조하나니
나는 여호와라
이 모든 일들을 행하는 자니라 하였노라
8 하늘이여 위로부터 공의를 뿌리며
구름이여 의를 부을지어다
땅이여 열려서 구원을 싹트게 하고
공의도 함께 움돋게 할지어다
나 여호와가 이 일을 창조하였느니라
9 질그릇 조각 중 한 조각 같은 자가
자기를 지으신 이와 더불어 다툴진대
화 있을진저
진흙이 토기장이에게 너는 무엇을 만드느냐
또는 네가 만든 것이 그는 손이 없다 말할 수 있겠느냐
10 아버지에게는 무엇을 낳았소 하고 묻고
어머니에게는 무엇을 낳으려고
해산의 수고를 하였소 하고 묻는 자는 화 있을진저
11 이스라엘의 거룩하신 이
곧 이스라엘을 지으신 여호와께서 이같이 이르시되
너희가 장래 일을 내게 물으며
또 내 아들들과 내 손으로 한 일에 관하여 내게 명령하려느냐

12 내가 땅을 만들고 그 위에 사람을 창조하였으며
내가 내 손으로 하늘을 펴고 하늘의 모든 군대에게 명령하였노라
13 내가 공의로 그를 일으킨지라
그의 모든 길을 곧게 하리니
그가 나의 성읍을 건축할 것이며
사로잡힌 내 백성을 값이나 갚음이 없이 놓으리라
만군의 여호와의 말이니라 하셨느니라

말씀 돋보기(관찰)

1 여호와께서 이스라엘을 구원 하는데 보내신 자는 누구인가?(45:1)

....

Tip

고레스는 여호와께서 이스라엘을 구원하시기 위해 사용하신 도구이다. 이 단어는 그동안 이스라엘의 제사장들, 선지자들, 그리고 왕들에게만 사용되었던 표현이다. 하나님은 이스라엘이 원하고 기대하는 대로 그들 중 한 사람을 사용하여 구원사역을 이루실 수 있다. 그러나 이사야는 지금까지와는 다른 예상을 벗어나는 하나님의 사역 방식에 대해 그의 백성들을 가르치고자 한다. 여호와는 이스라엘의 하나님일 뿐만 아니라 온 열방의 하나님이다. 그러므로 그분은 이스라엘 사람을 사용하실 수도 있지만 꼭 그렇게 하실 필요는 없고, 자신의 절대적인 주권을 온 세상에 드러내기 위해 열방의 왕을 사용하기로 결정하셨다.
고레스는 바빌론을 멸망시킨 페르시아의 왕이다. 그는 538년 이스라엘에게 종교의 자유를 주어 고국으로 돌아가서 성전을 재건하고 여호와를 섬기게 해 주었다.

2 고레스를 종으로 사용하기로 결정하신 하나님은 그에게 절대적인 승리를 주신다. 고레스의 절대적 승리를 묘사하는 표현은 무엇이며, 승

리를 주시는 이유는 무엇인가?(45:1)

a) **표현:**

b) **이유:**

Tip 열방이 고레스 앞에 굴복하고 왕들의 허리띠가 풀린다(싸울 의지를 상실한 표현). 고레스의 승리는 하나님의 능력이 이루신 것이다. 선지자는 1절에서 이미 고레스의 승리는 하나님이 하시는 일임을 명백히 한다. 그는 2-3절에서 출애굽을 연상시키는 어휘를 구사하여 하나님이 고레스의 앞에 가시면서 그의 승리의 길을 준비하실 것을 선언한다. 또한 하나님이 고레스에게 승리를 주시는 이유는 '내가 주인 줄을 알고 내가 너를 지명하여 불렀다는 것을 깨닫게 하기 위함이다.'(3절, 새번역)

3 하나님이 고레스에게 승리를 주시는 두번째 이유는 무엇인가?(45:4)

Tip 고레스로 하여금 이스라엘을 돕게 하기 위함이다. 고레스는 여호와를 알지 못한다. 그럼에도 불구하고 창조주 하나님이 그를 위대하게 만드셨다. 그 이유는 그를 통해 이스라엘을 회복하기 위해서다. 이 일이 성취되면, 고레스는 의식하지 못할 지라도 이스라엘은 고레스를 통해 그들에게 임한 구원이 바로 여호와의 사역이라는 것을 깨닫게 될 것이다.

4 하나님이 세상 사람들에게 참 신이심을 나타내는 말씀은 무엇인가?(45:3,4,7)

Tip 하나님이 고레스를 도우시는 것은, 첫째 그가 여호와를 알게 하기 위해(3절), 둘째 간접적으로나마 이스라엘이 여호와를 알게 하기 위해(4절), 셋째 온 세상이 여호와를 알게 하기 위함이다(7절).

세상 사람들은 여호와만이 참 하나님이며 하나님은 '빛도 만들고 어둠도 창조하시며, 평안도 주시고 재앙도 주신다' 는 것을 알게 될 것이다. 여기서 '빛과 어둠', '평안과 재앙'은 극과 극을 뜻하는 쌍으로 사용되면서 세상의 모든 일이 주님의 주권에 의해 간섭받는다는 것을 의미한다.

5 하나님의 절대적인 권위에 대해 설명하는 두 가지 예는 무엇인가? (45:9-10)

a)

b)

Tip 첫째, 토기장이와 질그릇의 비유이다(45:9). 질그릇, 그것도 지극히 작고 보잘것없는 조각에 불과한 것이 자기를 빚은 이에게 "왜 이렇게 만들었소?" 하고 대드는 것은 매우 어처구니 없는 일이다. 토기장이에게는 진흙을 가지고 무엇이든 자신이 원하는 대로 만들 수 있는 권리가 있다.
둘째, 부모와 아들의 비유이다(45:10). 어느 사회에서든 자식이 아버지에게 "나를 자식이라고 낳았습니까?" 라고 비난하고, 어머니에게 "나를 낳으면서 무슨 고생을 했다고 그러십니까?" 라고 빈정대는 것은 용납될 수 없는 일이다.
토기장이에게 대드는 질그릇이나 부모에게 대드는 자식이나 둘 다 심판을 받게 된다. 이와 같이 하나님의 권위와 권력 행사에 반항하는 사람들 역시 심판을 피할 수 없다.

삶의 내비게이션(적용)

1 토기장이와 질그릇의 비유와 부모와 아들의 비유처럼 과거에 하나님이나 부모에게 대들거나 반항했던 경험은 무엇이 있었는가?

관찰문제 5번 참고,

2 하나님이 사용하신다고 인정하는 것은 아니다. 때로 하나님은 고레스와 같은 불신자도 하나님의 백성을 위해 사용하신다. 당신이 알고 있는 뜻밖의 리더나 실제적인 예는 무엇인가?

관찰문제 3번 참고,

3 당신이 경험한 '빛과 어둠'은 무엇이 있는가?

관찰문제 4번 참고,

생활의 아로마(실천)

제7주 준비된 종 = 겸손 + 능력

이사야 49:1–7

복습

1 하나님의 절대적인 권위에 대해 설명하는 두 가지 예는 무엇인가? (45:9–10)

a)

b)

건너뛴 장 내용 요약

46장 여호와와 우상

47장 고레스가 바빌론을 멸망시킴

48장 여호와께서 새일을 약속하심

이사야 49:1–7

49:1 섬들아 내게 들으라
먼 곳 백성들아 귀를 기울이라
여호와께서 태에서부터 나를 부르셨고
내 어머니의 복중에서부터 내 이름을 기억하셨으며
2 내 입을 날카로운 칼 같이 만드시고
나를 그의 손 그늘에 숨기시며
나를 갈고 닦은 화살로 만드사

그의 화살통에 감추시고

3 내게 이르시되

너는 나의 종이요

내 영광을 네 속에 나타낼

이스라엘이라 하셨느니라

4 그러나 나는 말하기를

내가 헛되이 수고하였으며

무익하게 공연히 내 힘을 다하였다 하였도다

참으로 나에 대한 판단이 여호와께 있고

나의 보응이 나의 하나님께 있느니라

5 이제 여호와께서 말씀하시나니

그는 태에서부터 나를 그의 종으로 지으신 이시요

야곱을 그에게로 돌아오게 하시는 이시니

이스라엘이 그에게로 모이는도다

그러므로 내가 여호와 보시기에 영화롭게 되었으며

나의 하나님은 나의 힘이 되셨도다

6 그가 이르시되

네가 나의 종이 되어 야곱의 지파들을 일으키며

이스라엘 중에 보전된 자를 돌아오게 할 것은 매우 쉬운 일이라

내가 또 너를 이방의 빛으로 삼아

나의 구원을 베풀어서 땅 끝까지 이르게 하리라

7 이스라엘의 구속자 이스라엘의 거룩한 이이신

여호와께서 사람에게 멸시를 당하는 자,

백성에게 미움을 받는 자,

관원들에게 종이 된 자에게 이같이 이르시되

왕들이 보고 일어서며 고관들이 경배하리니

이는 이스라엘의 거룩하신 이 신실하신 여호와 그가 너를 택하였음이니라

말씀 돋보기(관찰)

1 종은 언제 소명을 받았으며, 어떻게 준비되고 보호를 받았는가?(49:1–2)

a) 시기:

b) 준비와 보호:

Tip 종의 소명은 '태에서 나옴으로부터'(개역)가 아니라 '모태에서'(새번역) 혹은 '태중에'(공동번역)가 더 정확한 번역이다. 종이 태에서 부르심을 받았다는 것은 하나님의 주권을 강조한다. 여호와께서 이미 종이 세상에 나오기 전부터 그를 택하셔서 소명을 주셨던 것이다. 종은 여호와께서 그를 택하셨을 뿐만 아니라 철저한 훈련을 통해 준비시켜 오셨음을 선언한다. '내 입을 날카로운 칼 같이 만드시고 … 나를 갈고 닦는 화살로 만드사' 라는 표현은 갈고 닦는 신중한 준비를 의미한다. 하나님은 종을 도구로 사용하실 뿐만 아니라 철저하게 보호하시며 적절한 때가 이를 때까지 드러내지 않으신다. '보호와 숨김'은 종의 사역에 잘 적용되는 개념들이다. 또한 하나님의 손에 쥐어진 칼처럼, 주님의 화살통에 감추어진 활처럼, 여호와께서 종을 사용하시고자 하실 때 종이 만반의 준비가 되었음을 뜻한다. 종에게 주어진 무기는 전쟁 무기들이 아니라 '말씀'(입을 상징함)이다. 세상적인 무기가 아니라 하나님의 말씀으로 준비되는 것을 입으로 표현하고 있다.

2 하나님은 종을 어떻게 부르며, 그 역할/사명은 무엇인가?(49:3)

a) 호칭:

b) 역할/사명:

Tip 두 번째 종의 노래에서 종을 '너는 내 종 이스라엘이다' 라고 부른다. 표면적으로 종은 이스라엘이다(cf. 41:8–16; 42:18–25; 43:1–13; 44:1–4; 48:20–21). 그러나 '눈 멀고 듣지 못하는' 이스라엘이 어떻게 열방을 하나님께 이끌 수 있겠는가? 그러므로 이스라엘이 될 수 없다. 그러므로 이스라엘은 신분을 뜻하기보다 임무/기능을 뜻하는 것으로 이해된다. 즉 종이 참이스라엘로서(이스라엘) 원래 감당했어야 할 사명을 감당하는 자로서–하나님께 부름을 받고 있는 것이다. 이스라엘은 원래 '제사장의 나라'로서의 사명을 받았다(출19:6). 제사장의 나라는 온 열방을 여호와 앞으로 인도했어야 했다. 그러나 이스라엘의 역사를 살펴보면 그들은 이 사명을 전혀 감당하지 못했으며, 오히려 이방인들이 하나님께 오는 것을 꺼려했다. 이제 이스라엘이 완수하지 못한 사명을 감당하려 종이 왔다.

3 종의 사역에 대한 좌절을 표현하는 것은 무엇인가?(49:4)

....

Tip

'내가 헛되이 수고하였으며, 무익하게 공연히 내 힘을 다하였다' 라는 종의 고백은 열매가 없음에 대한 좌절을 표현하는 말이다. 이 고백에서 우리는 종의 인간적 속성을 본다. 메시아임에도 불구하고, 하나님이 그와 함께하심에도 불구하고, 그는 승승장구하지 못한다. 그리고 성공하지 못할 때마다 다른 인간 사역자처럼 괴로워하고 힘들어 한다. 그는 사역을 위해 철저하게 '인간화' 되었다. 비록 종이 괴로워하지만, 패배감에 젖어 있지는 않다. 종은 본문이 말하는 '실패'에도 불구하고 곧바로 하나님을 의지해 왔음을 고백한다. 하나님이 종을 아시고 인정하시기 때문에 그의 실패는 아무것도 아니다.

4 종의 실패에도 불구하고 시작하는 새사역의 대상은 누구인가?(49:5–6)

....

Tip

종은 실패에 굴복하거나 위축되지 않고 오히려 실패를 계기로 삼아 새 사역을 시작한다. 전에는 이스라엘만 그의 사역 대상이었으나 이제는 열방이 그 안에 포함된다. 종의 확대된 사역이 하나님의 계획이 수정되었다는 것을 의미하지 않는다. 하나님의 섭리와 통치 아래 종이 열방을 구원할 시기가 온 것이다. 종이 사역에 실패했음에도 떳떳한 것이 특이한

데 그 종에게 더 큰 사역을 맡기시는 하나님은 더 특이한 분이다. 이것이 가능한 이유는 종의 사역이 하나님께 맞추어져 있어서 그의 사역이 세상의 가치관과는 다르게 평가되고 있기 때문이다.
종은 여호와의 구원으로서 자신의 빛을 땅 끝까지 비추게 할 것이다. 세상 모든 나라가 종의 사역을 통해 여호와의 구원을 맞이할 것이다. 예수님은 이 사역을 위해 이 세상에 오셨다. 주님의 몸 된 교회의 존재 의미도 여기에 있다.

5 종의 새 사역이 시작되자 그는 세상으로부터 철저하게 무시당하고 외면당한다. 이러한 상황이 어떻게 표현되고 있으며, 종이 사명을 완수하자 세상은 어떻게 변화되는가?(49:7)

a) 표현:

b) 변화:

Tip 본문에는 종에 대한 철저한 배척이 잘 드러난다. 그는 '사람에게 멸시를 당하는 자', '백성에게 미움을 받는 자', 관원들에게 종이 된 자' 였다. 종의 사역이 시작되자 그는 세상으로부터 철저하게 무시당했고, 외면당했다. 다행히 이야기는 여기서 끝나지 않는다. 종이 사역을 완주하자 온 세상이 그 앞에 무릎을 꿇는다. '열왕이 일어서며 방백들이 경배한다.' 한때는 종의 사역을 방해하고 그를 무시했던 자들이 그를 경배하게 된 것이다. 이것이 바로 진정한 승리이다. 경배의 원인은 거룩하신 이가 우리를 택하셨기 때문이다.

삶의 내비게이션(적용)

1 우리는 모두 태에서 부르심을 받았다. 당신이 이러한 사실을 깨닫게 된 계기나 시기는 언제였는가?

관찰문제 1번 참고,

2 하나님은 사용하시기 전에 철저하게 훈련을 시키신다. 당신은 어떤 훈련을 준비하거나 준비 중인 것은 무엇인가?

관찰문제 2번 참고,

3 당신의 사역과 섬김을 어렵게 하는 상황은 무엇인가?

관찰문제 5번 참고,

생활의 아로마(실천)

제8주 종의 훈련

이사야 50:4–9

복습

1 종의 새 사역이 시작되자 그는 세상으로부터 철저하게 무시당하고 외면당한다. 이러한 상황이 어떻게 표현되고 있으며, 종이 사명을 완수하자 세상은 어떻게 변화되는가?(49:7)

a) **표현:** ……………………………………

b) **변화:** ……………………………………

이사야 50:4–9

50:4 주 여호와께서 학자들의 혀를 내게 주사
나로 곤고한 자를 말로 어떻게 도와 줄 줄을 알게 하시고
아침마다 깨우치시되 나의 귀를 깨우치사
학자들 같이 알아듣게 하시도다
5 주 여호와께서 나의 귀를 여셨으므로
내가 거역하지도 아니하며
뒤로 물러가지도 아니하며
6 나를 때리는 자들에게 내 등을 맡기며
나의 수염을 뽑는 자들에게 나의 뺨을 맡기며
모욕과 침 뱉음을 당하여도
내 얼굴을 가리지 아니하였느니라

7 주 여호와께서 나를 도우시므로
내가 부끄러워하지 아니하고
내 얼굴을 부싯돌 같이 굳게 하였으므로
내가 수치를 당하지 아니할 줄 아노라
8 나를 의롭다 하시는 이가 가까이 계시니
나와 다툴 자가 누구냐
나와 함께 설지어다
나의 대적이 누구냐
내게 가까이 나아올지어다
9 보라 주 여호와께서 나를 도우시리니
나를 정죄할 자 누구냐
보라 그들은 다 옷과 같이 해어지며
좀이 그들을 먹으리라

말씀 돋보기(관찰)

1 하나님이 종을 철저히 훈련시키는 일이 어떻게 표현되고 있는가? (50:4-5)

....

Tip 하나님은 종에게 '학자/제자의 혀'를 주셨다(4절). '학자/제자'는 학습을 받은 자라는 뜻으로 종이 하나님의 훈련을 받은 제자라는 것이다. 종을 제자 삼으신 여호와께서 그에게 학자/제자의 혀와 귀를 주셨다. 이는 종이 선포하는 것은 자신의 것이 아니라 하나님께 듣고 받은 가르침이란 점을 강조한다. 즉 종은 하나님과의 밀접한 관계에서만 가능한 지식과 가르침으로 사역한다. 하나님은 '매일' 종에게 가르침을 주신다. 이 말씀은 선지자들이 어떻게 하나님의 계시와 영감을 받게 되었는가를 시사한다. 그들은 극한 환희 가운데 혹은 무아의 경지에서 하나님께 가르침을 받은 것이 아니라, 아침마다 맑고 깨끗한 정신과 이성을 통해 훈련을 받았다.

2 종의 사역은 무엇이며, 곤고한 자는 누구를 두고 하는 말인가?(50:4)

a) **사역:**

b) **곤고한 자:**

Tip

종은 곤고한 자를 '돕는' 사역을 한다. 이는 곤고한 자에게 시대에 적절한 말 보다는 그들의 문제에 도움이 될 만한 격려의 말을 하는 것이다. 곤고한 자는 이사야 40:27–31에 따르면 바로 이스라엘이다. 그러나 종의 사역 대상에 이방이 속해 있으므로(42:1, 6; 49:1, 6–7) 열방의 곤고한 자도 속해 있다. 곤고한 자는 삶에 지친 사람을 뜻한다.

3 하나님이 종의 귀를 여시니 종이 내리는 결단 두가지는 무엇인가?(50:5)

a)

b)

Tip

하나님이 종의 귀를 여시니 종이 두 가지 결단을 내리고 그것을 자신의 삶에서 추구한다. 첫째, 종은 '내가 거역하지도 아니하며' 라고 선언한다. 이 표현은 사람의 내면의 각오를 의미한다. 그는 마음 속 깊은 곳에서 여호와를 신뢰하고 의지하겠다는 의지를 굳혔다. 둘째, 종은 결코 '뒤로 물러가지도 않겠다'는 각오를 다진다. 이것은 사람의 외적 행동을 뜻하는 말이다. 그러므로 이 두 표현은 종의 의지와 행동이 하나님의 뜻에 합당하게 일치한다는 것을 강조하는 말이다. 이러한 종의 의지는 이스라엘의 행동과 너무나 대조적이다. 이스라엘은 듣지 못하고, 깨닫지 못하는 자들이다(cf. 6장). 반면에 종은 여호와 앞에 철저하게 순종한다.

4 하나님의 뜻에 순종하겠다는 의지를 다진 일을 계기로 종은 사람들에게 어떤 수모를 당하는가?(50:6)

Tip

종은 하나님의 뜻에 순종하겠다는 의지를 다진 일(5절)을 계기로 삼아 인간이 주는 갖은 수모를 다 참아낸다. 저자는 본문에서 능동형 동사들을 사용하여 종이 상황에 끌려가는 것이 아니라 스스로 이 모든 수모를 이겨내고 있음을 강조한다. 사람들은 그를 마치 죄인 취급한다. 그래서 여기에 기록된 모든 수난은 죄인을 다루는 모습으로 표현된다(cf. 민12:14; 신25:9; 느13:25; 마26:67; 27:30).

'나를 때리는 자들에게 내 등을 맡기며'(6절)는 종이 사람들 앞에서 이루어지는 공식적인 고문/형벌(신25:2-3; 렘20:2; 37:15)을 받고 있음을 시사한다. '모욕과 침뱉음' 역시 극에 달한 경멸의 상징이다(cf. 신25:9; 민12:14; 욥30:10). 본문은 종이 인간들에게 당할 수난이 매우 심각한 수위에 달할 것이라는 점을 암시한다. 본문의 궁극적인 성취는 바로 빌라도 법정에서의 예수님의 모습이다.

5 하나님의 종이 혹독한 고통을 이겨낼 수 있는 근거는 무엇인가? (50:7-9)

....

Tip

하나님의 종은 아무런 잘못을 저지르지 않았으면서도 조용히, 묵묵히 고통을 견뎌낸다. 종이 혹독한 고통을 이겨낼 수 있었던 근거는 하나님이 그를 도우신다는 신념 때문이다. 하나님이 종에게 주는 도움은 '외부적인 육체적 도움이 아니라, 영적, 심적 도움'을 뜻한다. 비록 사람들은 자신들이 주는 멸시와 경멸을 받아내는 종을 보고 죄인이라고 결론 내리겠지만, 결국 종의 흔들리지 않는 믿음은 그가 이 모든 고통을 묵묵히 참아낸 것이 얼마나 합당한 결정이었는지를 증명할 것이다.

삶의 내비게이션(적용)

1 당신은 하나님의 일을 하면서, 복음을 전하면서, 예수를 믿는다는 이

유만으로 사람들이 주는 경멸과 비난을 받아본 경험이 있는가? 어떻게 극복했는가?

관찰문제 4번 참고,

2 당신이 머리로는 참아야 한다는 것을 아는데 참지 못하고 표현하는 부분은 무엇이 있는가?

관찰문제 4번 참고,

3 하나님은 남을 돕기 위해 종을 철저하게 훈련하셨다. 당신이 남을 돕기 위해 필요한 훈련은 무엇인가?

관찰문제 1번 참고,

생활의 아로마(실천)

제9주 실패를 통한 성공

이사야 52:13 – 53:12

복습

1 종의 사역은 무엇이며, 곤고한 자는 누구를 두고 하는 말인가?(50:4)

a) 사역:

b) 곤고한 자:

건너뛴 장 내용 요약

51장 여호와의 약속과 구원하심

이사야 52:13 – 53:12

52:13 보라 내 종이 형통하리니
받들어 높이 들려서 지극히 존귀하게 되리라
14 전에는 그의 모양이 타인보다 상하였고
그의 모습이 사람들보다 상하였으므로
많은 사람이 그에 대하여 놀랐거니와
15 그가 나라들을 놀라게 할 것이며
왕들은 그로 말미암아 그들의 입을 봉하리니
이는 그들이 아직 그들에게 전파되지 아니한 것을 볼 것이요
아직 듣지 못한 것을 깨달을 것임이라
53:1 우리가 전한 것을 누가 믿었느냐

여호와의 팔이 누구에게 나타났느냐
2 그는 주 앞에서 자라나기를 연한 순 같고
마른 땅에서 나온 뿌리 같아서
고운 모양도 없고 풍채도 없은즉
우리가 보기에 흠모할 만한 아름다운 것이 없도다
3 그는 멸시를 받아 사람들에게 버림 받았으며
간고를 많이 겪었으며 질고를 아는 자라
마치 사람들이 그에게서 얼굴을 가리는 것 같이 멸시를 당하였고
우리도 그를 귀히 여기지 아니하였도다
4 그는 실로 우리의 질고를 지고
우리의 슬픔을 당하였거늘
우리는 생각하기를 그는 징벌을 받아
하나님께 맞으며 고난을 당한다 하였노라
5 그가 찔림은 우리의 허물 때문이요
그가 상함은 우리의 죄악 때문이라
그가 징계를 받으므로 우리는 평화를 누리고
그가 채찍에 맞으므로 우리는 나음을 받았도다
6 우리는 다 양 같아서 그릇 행하여
각기 제 길로 갔거늘
여호와께서는 우리 모두의 죄악을
그에게 담당시키셨도다
7 그가 곤욕을 당하여 괴로울 때에도
그의 입을 열지 아니하였음이여
마치 도수장으로 끌려 가는 어린 양과
털 깎는 자 앞에서 잠잠한 양 같이
그의 입을 열지 아니하였도다
8 그는 곤욕과 심문을 당하고 끌려 갔으나
그 세대 중에 누가 생각하기를
그가 살아 있는 자들의 땅에서 끊어짐은
마땅히 형벌 받을 내 백성의 허물 때문이라 하였으리요

9 그는 강포를 행하지 아니하였고
그의 입에 거짓이 없었으나
그의 무덤이 악인들과 함께 있었으며
그가 죽은 후에 부자와 함께 있었도다
10 여호와께서 그에게 상함을 받게 하시기를 원하사
질고를 당하게 하셨은즉
그의 영혼을 속건제물로 드리기에 이르면
그가 씨를 보게 되며 그의 날은 길 것이요
또 그의 손으로 여호와께서 기뻐하시는 뜻을 성취하리로다
11 그가 자기 영혼의 수고한 것을 보고 만족하게 여길 것이라
나의 의로운 종이 자기 지식으로 많은 사람을 의롭게 하며
또 그들의 죄악을 친히 담당하리로다
12 그러므로 내가 그에게 존귀한 자와 함께 몫을 받게 하며
강한 자와 함께 탈취한 것을 나누게 하리니
이는 그가 자기 영혼을 버려 사망에 이르게 하며
범죄자 중 하나로 헤아림을 받았음이니라
그러나 그가 많은 사람의 죄를 담당하며
범죄자를 위하여 기도하였느니라

말씀 돋보기(관찰)

1 종이 성공하는 방법은 무엇인가?(52:14)

....

Tip 이 종이 성공하는 방법은 심한 고통과 수난을 통해서이다. 성공의 여부는 주님을 위해 많은 공을 세우는 것과 상관이 없다. 오직 얼마나 확실하게 맡겨진 사명에 충실하느냐가 이슈이다. 즉 종은 자신의 소명을 잘 인식하고 그대로 순종하는 삶을 산 것이다. 일반적으로 성공은 인간이 노

력하지 않고 얻는 '성공'과는 무관하다. 즉 항상 노력과 성공적인 행동의 대가로 얻어지는 것이며, 사람이 '해야 할 일을 잘 알고 또 그것을 행하는 것'을 의미한다. 이것이 바로 하나님의 관점에서 바라보는 '성공'이다. 우리가 주님을 위해 많은 공을 세우는 것은 성공 여부와 상관이 없다. 오직 우리가 얼마나 확실하게 맡겨진 소명에 충실했느냐가 이슈이다. 성공에 대한 세상의 관점과 하나님의 관점에는 차이가 있다. 그러므로 세상의 눈에는 실패로 보이는 일이 하나님의 관점에는 성공으로 여겨진다.

2 사람들은 왜 종을 보고 놀랐는가?(52:14-15)

Tip

사람들은 기대밖의 모습으로 온 종을 보고 놀랐다. 하나님의 종은 인간이 예측할 수 없는 놀라운 방법으로 오셨다. 그의 모습은 많이 상해 있어서 많은 사람들이 놀랐으며, 그가 나라들을 놀라게 할 것이라고 한다.

3 종은 어떤 모습으로 왔는가?(53:2-3)

Tip

여호와의 구원이 종을 통해 세상에 드러난 것에 대해 모두 충격을 금할 수 없다(1절). 아무도 그가 '여호와의 구원의 팔'의 현현일 것이라고 전혀 예측하지 못했기 때문이다. '강한 자'를 통해 무언가 일어난다는 세상적인 가치관으로는 도저히 상상할 수 없는 일이 일어났다. 하나님이 아무런 대꾸도 하지 않는 '연약한 종'의 죽음을 통해 온 세상의 구원 사역을 이루신 것이다.

종의 모습은 '잘린 나무에서 자라는' 순(cf. 6:13)이었으며, '마른 땅에 나온 뿌리' 같고, 고운 모양도 없고 풍채도 없는 보잘것없는 모습으로 표현된다. 즉 종의 모습은 지극히 평범한 모습이었다.

4 종이 당한 고통은 어떤 것들이 있으며, 종이 고통을 당하는 이유는 무엇인가?(53:4-5)

a) 고통:

b) 이유:

Tip 본문은 종의 고통을 표현하는 말들로 가득 차 있다. '우리의 질고를 지었다', '우리의 슬픔을 당했다', '징벌을 받았다', '맞으며 고난을 당했다', '그가 찔렸다', '그가 상했다', '그가 징계를 받았다', '그가 채찍에 맞았다' 고대 근동에서 사람이 이러한 벌을 받을 때는 그 사람이 그만큼 잘못했기 때문이라는 생각이 지배적이었다. 그러나 온 세상을 놀라게 하는 것은 이 종의 고통이 자신의 죄에서 비롯된 것이 아니라는 사실이다. 종이 수난을 당하는 이유는 '우리'가 나음을 입게 하기 위함이었다. 그의 고통은 대리적이었다. 그는 '우리'가 죄 때문에 받아야 할 모든 징벌과 고통을 받았다. 그는 '우리' 때문에 찔리고, 상처를 입고, 징계를 받고, 매를 맞았다.

5 법정의 부당한 처벌에도 불구하고 종이 형 집행을 받아들이는 이유는 무엇이며, 종의 순결을 묘사하는 표현은 어떤 것인가?(53:8–9)

a) 이유:

b) 표현:

Tip 8절은 종이 당한 고통을 통해 그가 피고로 섰던 법정이 공의를 실행하는 데 있어서 완전히 실패했음을 강조한다. 그러나 종이 죽임을 당한 것은 잘못된 법정 때문이 아니라, 백성들의 죄 때문이라는 점을 기억해야 한다. 종이 형 집행을 받아들이는 이유는 그는 자신의 희생을 통해 백성들과 하나 되기를 자청했기 때문이다. 그는 죽어야 할 사람들을 대신해서 죽음으로써 그들과 하나가 되었다. 성경을 살펴보면 성도들이 하나됨은 어떠한 이권을 나누는 데서 한 무리가 되는 것이 아니라 고통과 아픔을 나누는 데서 한 몸이 되는 것이다. 예수님은 바로 이러한 진리를 자신의 삶과 죽음을 통해 실천하셨다. 한 사형수가 다른 사형수를 대신해서 죽을 수는 없다. 오직 자신의 죄 때문에 죽을 뿐이다. 종은 하나님께 어떠한 죄도 범하지 않은 무고한 사람이었기에 사람들의 죄를 대속할 수 있었다.

삶의 내비게이션(적용)

1 하나님의 종은 대신 징벌을 받았다. 당신은 누구를 대신하여 아프거나 징벌(고통)을 받은 적이 있거나, 받고 싶은 적이 있었는가?

관찰문제 4번 참고,

2 당신의 어떤 모습이 하나님께 쓰임받기에 너무 평범하다고 생각하는가?

관찰문제 2, 3번 참고,

3 메시아는 고통과 아픔을 통해 구세주가 되었다. 당신이 힘들어 하는 이웃과 나눌 수 있는 구체적인 방법은 무엇인가?

관찰문제 5번 참고,

생활의 아로마(실천)

제10주 백성의 조건

이사야 56:1–8

복습

1 종이 당한 고통은 어떤 것들이 있으며, 종이 고통을 당하는 이유는 무엇인가?(53:4–5)

a) 고통:

b) 이유:

건너뛴 장 내용 요약

54장 종이 이룬 결과

55장 은혜로운 반전

이사야 56:1–8

56:1 여호와께서 이와 같이 말씀하시기를
너희는 정의를 지키며 의를 행하라
이는 나의 구원이 가까이 왔고
나의 공의가 나타날 것임이라 하셨도다
2 안식일을 지켜 더럽히지 아니하며
그의 손을 금하여 모든 악을 행하지 아니하여야 하나니
이와 같이 하는 사람,
이와 같이 굳게 잡는 사람은 복이 있느니라

3 여호와께 연합한 이방인은 말하기를
여호와께서 나를 그의 백성 중에서
반드시 갈라내시리라 하지 말며
고자도 말하기를
나는 마른 나무라 하지 말라
4 여호와께서 이와 같이 말씀하시기를
나의 안식일을 지키며
내가 기뻐하는 일을 선택하며
나의 언약을 굳게 잡는 고자들에게는
5 내가 내 집에서,
내 성 안에서 아들이나 딸보다 나은 기념물과 이름을
그들에게 주며 영원한 이름을 주어
끊어지지 아니하게 할 것이며
6 또 여호와와 연합하여 그를 섬기며
여호와의 이름을 사랑하며
그의 종이 되며
안식일을 지켜 더럽히지 아니하며
나의 언약을 굳게 지키는 이방인마다
7 내가 곧 그들을 나의 성산으로 인도하여
기도하는 내 집에서 그들을 기쁘게 할 것이며
그들의 번제와 희생을 나의 제단에서 기꺼이 받게 되리니
이는 내 집은 만민이 기도하는 집이라 일컬음이 될 것임이라
8 이스라엘의 쫓겨난 자를 모으시는
주 여호와가 말하노니
내가 이미 모은 백성 외에 또 모아
그에게 속하게 하리라 하셨느니라

말씀 돋보기(관찰)

1 여호와의 구원을 체험한 백성들은 어떻게 살아야 하며, 그렇게 살아야 하는 이유는 무엇인가?(56:1)

a) 방법:

b) 이유:

Tip 여호와의 구원을 체험한 자들은 그 구원에 부끄럽지 않는 삶을 살아야 할 책임이 있다. 그들에게는 정의를 지키며 의를 행하는 윤리적인 행동이 요구된다. 성경은 하나님을 안다고 자부하면서도, 구원을 받은 백성이라 자부하면서도, 양심적으로 살지 않는 자들을 하나님을 모르는 자들, 즉 구원을 받지 못한 자들로 취급한다. 구원을 받은 자들이 지향하며 살아가야 할 길은 분명하다. 구원은 방종을 허락하는 것이 아니라 막중한 책임을 요구하는 것이다.

또한 그렇게 살아야 하는 이유는 비록 세상이 악하고 의와 공평의 삶을 추구하는 자를 핍박한다 해도 하나님은 자신의 백성들이 이렇게 살아가기를 요구하신다. 왜냐하면 이 문제는 하나님에 대한 신뢰와 연관된 것이기 때문이다. '의와 공평을 추구하는 삶을 살아가는 자는 복이 있다'는 말씀은 우리에게 신뢰를 요구하는 선언이다.

2 정의를 지키고 의를 행하는 삶의 두 가지 예는 무엇인가?(56:2)

a)

b)

Tip 정의를 지키며 의를 행하는 두 가지 예는 안식일을 지키며, 악을 행하지 않는 것이다. 겉보기에는 잘 어울리는 한 쌍이라고 생각될 수 있다. 그러나 '안식일'과 '악을 행하지 않는 것'은 '형식–내용', '의식–삶'의 관계를 상징한다. 본문에서 '안식일'은 모든 이스라엘 종교 예식의 상징으로 사용되며, '악을 행하지 않는 것'은 그들의 삶 전체를 상징하는 것이다. 우리의 신앙생활도 '형식'과 '내용'의 균형을 찾고 유지하기 위해 끊임없이 노력해야 한다. 함께 모여 예배 드리고 적절한 예식을 행하는 것은 우리에게 주어진 특권이요, 우리의 신앙생활에 큰 유익을 주는 일이기 때문이다.

3 이방인과 고자들을 향한 하나님의 당부는 무엇인가?(56:3)

Tip

하나님은 이방인과 고자들에게 자신을 비관하거나 멸시하지 말라고 당부하신다(3절). 세상 사람들이 이들을 멸시하더라도, 하나님은 귀하고 소중하게 여기시기 때문이다. 물론 아무에게나 하시는 말씀은 아니다. 하나님을 사랑하고 순종하는 삶을 살기 위해 노력하는 이방인들과 고자들에게 하시는 말씀이다(4절). 그럼에도 불구하도 여기에서 선포되는 말씀은 이스라엘 사람들에게 매우 충격적이었을 것이다.

율법은 암몬 사람들이나 모압 사람들을 포함한 이방인들과 고자들이 이스라엘 공동체에 속하는 것을 금한다(신23:1-8). 그들에게 예배의 기회마저 빼앗는다. 그런데 본문은 이러한 규례가 더 이상 강요되지 않을 것을 선언한다. 종의 사역을 통해 온 세상에 펼쳐진 하나님의 구원이 사람들이 처한 상황과 신체 조건을 초월해서 그 효력을 발휘하는 것이다. 하나님이 당신의 종 메시아를 통해 통치하시는 새로운 세계에서는 이들도 이스라엘 사람들만큼 귀한 것이다.

4 고자들이 더 이상 자신을 멸시할 필요가 없는 이유는 무엇인가?(56:5)

Tip

하나님의 말씀대로 살려고 노력하는 자들은 모두 영원히 기억되는 이름을 남길 것이기 때문이다. 하나님이 이방인에게 그들의 이름을 영원히 보존할 자식도 주시고, 고자들에게 결코 잊혀지지 않을 이름도 주시는 것이다. 그것도 하나님의 성전과 도성에서 잊혀지지 않을 것들로 말이다. 사도행전에 등장하는 에티오피아에서 온 환관의 이야기(행8:27-39)는 이 말씀에 대한 하나의 성취로 보여진다.

5 하나님의 말씀에 순종하는 고자와 이방인들에게 임하는 축복은 무엇인가?(56:6-7)

Tip 하나님의 말씀에 순종하는 이방인들에게는 하나님의 거룩한 산에서 그분과 거하고 그분의 성전에서 즐거워하고 기도할 수 있는 축복이 임한다. 뿐만 아니라 하나님은 그들이 제단 위에 바친 번제물과 희생제물을 기꺼이 받으실 것이다. 놀라운 것은 이방인들과 고자들이 제사장 역할을 감당한다는 사실이다. 하나님이 이방인과 고자들이 드리는 제물을 기꺼이 받으시겠다는 말씀은, 성전이 '기도하는 집'이라는 가르침으로 시작하고 끝을 맺는다(7절). 이 말씀은 성전의 본질을 강조하기도 하지만, 이들의 예배 의식이 많은 기도로 준비되고 집행되고 있음을 시사한다.

삶의 내비게이션(적용)

1 고자와 이방인처럼 과거에 당신의 선입견으로 하나님의 백성이 될 수 없다고 생각했던 부류는 누구였는가?

관찰문제 3번 참고,

2 신앙생활은 양면성을 갖고 있다. '형식-내용', '의식-삶'이 그것이다. 당신은 어느 부분이 더 어렵다고 느껴지는가?

관찰문제 2번 참고,

3 당신의 삶에서 예배와 삶은 얼마나 그리고 어떻게 연관되어 있는가?

관찰문제 1, 2번 참고,

생활의 아로마(실천)

제11주 참 금식의 의미

이사야 58:1-12

복습

1 여호와의 구원을 체험한 백성들은 어떻게 살아야 하며, 그렇게 살아야 하는 이유는 무엇인가?(56:1)

a) 방법:

b) 이유:

건너뛴 장 내용 요약

57장 백성의 무능함이 치료됨

이사야 58:1-12

58:1 크게 외치라 목소리를 아끼지 말라
네 목소리를 나팔 같이 높여
내 백성에게 그들의 허물을,
야곱의 집에 그들의 죄를 알리라
2 그들이 날마다 나를 찾아
나의 길 알기를 즐거워함이
마치 공의를 행하여
그의 하나님의 규례를 저버리지 아니하는 나라 같아서
의로운 판단을 내게 구하며

하나님과 가까이 하기를 즐거워하는도다
3 우리가 금식하되
어찌하여 주께서 보지 아니하시오며
우리가 마음을 괴롭게 하되
어찌하여 주께서 알아 주지 아니하시나이까
보라 너희가 금식하는 날에
오락을 구하며 온갖 일을 시키는도다
4 보라 너희가 금식하면서
논쟁하며 다투며 악한 주먹으로 치는도다
너희가 오늘 금식하는 것은
너희의 목소리를 상달하게 하려는 것이 아니니라
5 이것이 어찌 내가 기뻐하는 금식이 되겠으며
이것이 어찌 사람이 자기의 마음을 괴롭게 하는 날이 되겠느냐
그의 머리를 갈대 같이 숙이고 굵은 베와 재를 펴는 것을
어찌 금식이라 하겠으며
여호와께 열납될 날이라 하겠느냐
6 내가 기뻐하는 금식은
흉악의 결박을 풀어 주며
멍에의 줄을 끌러 주며
압제 당하는 자를 자유하게 하며
모든 멍에를 꺾는 것이 아니겠느냐
7 또 주린 자에게 네 양식을 나누어 주며
유리하는 빈민을 집에 들이며 헐벗은 자를 보면 입히며
또 네 골육을 피하여 스스로 숨지 아니하는 것이 아니겠느냐
8 그리하면 네 빛이 새벽 같이 비칠 것이며
네 치유가 급속할 것이며
네 공의가 네 앞에 행하고
여호와의 영광이 네 뒤에 호위하리니
9 네가 부를 때에는 나 여호와가 응답하겠고
네가 부르짖을 때에는 내가 여기 있다 하리라

만일 네가 너희 중에서 멍에와 손가락질과 허망한 말을 제하여 버리고
10 주린 자에게 네 심정이 동하며 괴로워하는 자의 심정을 만족하게 하면
네 빛이 흑암 중에서 떠올라 네 어둠이 낮과 같이 될 것이며
11 여호와가 너를 항상 인도하여 메마른 곳에서도
네 영혼을 만족하게 하며 네 뼈를 견고하게 하리니
너는 물 댄 동산 같겠고 물이 끊어지지 아니하는 샘 같을 것이라
12 네게서 날 자들이 오래 황폐된 곳들을 다시 세울 것이며
너는 역대의 파괴된 기초를 쌓으리니
너를 일컬어 무너진 데를 보수하는 자라 할 것이며
길을 수축하여 거할 곳이 되게 하는 자라 하리라

말씀 돋보기(관찰)

1 선지자를 통해 선포하실 말씀이 심각하고 중요한 것을 나타내는 표현은 무엇인가?(58:1)

Tip

하나님은 선지자에게 목소리를 크게 내서 힘껏 외치라고 권면하신다(1절). 선지자는 목소리를 '나팔 소리처럼 높여야' 한다. '나팔'은 양의 뿔로 만든 것으로, 위험이 닥쳐오거나 공동체로 모여야 할 일이 있을 때 백성들에게 이를 알리는데 사용되었다. 나팔 소리를 들은 백성들은 하나같이 하던 일을 멈추고 소리 나는 곳에 관심을 집중해야 했다. 그들의 생사를 좌우할 소식이 전해질 수도 있기 때문이다. 하나님은 마치 전쟁이 임박한 것 같은 분위기를 조성하심으로써 지금부터 선포하시고자 하는 말씀이 얼마나 심각한 것인지를 자신의 백성들이 인식하기를 원하신다.

2 야곱의 죄는 무엇이며, 하나님이 원하지 않으시는 금식의 특징은 무엇으로 표현되고 있는가?(58:2-4)

죄:

표현:

Tip

하나님은 야곱의 죄를 구체적으로 드러내는데, 무엇보다도 그들의 위선적인 삶을 문제 삼으신다. 그들은 날마다 묵상을 통해 하나님을 찾는다. 하나님께 옳은 길을 가르쳐 달라고 매달린다. 그러나 이들은 '지식을 쌓는 것'에 모든 관심을 쏟고 있지 자신들이 습득한 지식대로 살지는 않는다. 하나님은 이미 29:13에서도 이러한 백성들의 모습을 보며 한탄하셨다. '이 백성이 입으로는 나를 가까이 하고, 입술로는 나를 영화롭게 하지만, 그 마음으로는 나를 멀리하고 있다. 그들이 나를 경외한다는 말은, 들은 말을 흉내내는 것일 뿐이다.'
이스라엘 사람들은 '우리가 금식하되 주께서 보지 아니하심은 어찜이오며 우리가 마음을 괴롭게 하되 주께서 알아주지 아니하심은 어찜이니이까' 라고 항의한다. 우리는 이 발언에서 그들의 태도에 큰 문제가 있음을 알게 된다. 바로 종교 행위를 통해 하나님과 흥정하려 한다는 것이다. 그들은 하나님께로부터 무언가를 얻어내기 위해 자신들의 생각에는 최고의 종교 행위로 여겨지는 금식을 했다.

3 하나님이 기뻐하시는 금식은 무엇인가?(58:6-7)

Tip

자신의 의를 드러내거나 자신의 필요와 욕구를 채우기 위해 금식을 하던 자들에게 금식의 진정한 의미가 선포된다. '금식은 자신을 위한 것이 아니라, 고통 속에 있는 이웃들을 위한 것이다'(6-7절) 금식은 자신을 돌아보고 반성하는 시간이며, 하나님 앞에 자신의 죄를 철저히 고백하는 시간이다. 그러므로 금식을 제대로 하면, 그 사람은 한없이 겸손해질 것이요, 곤경과 속박에서 자유를 얻는 것이 얼마나 소중하고 즐거운 일인지 체험하게 된다.
선지자는 하나님이 기뻐하는 금식은 '굶주린 사람에게 너의 먹거리를 나누어 주는 것, 떠도는 불쌍한 사람을 집에 맞아들이는 것이 아니겠느냐?

헐벗은 사람을 보았을 때 그에게 옷을 입혀 주는 것, 너의 골육을 피하여 숨지 않는 것이 아니겠느냐?'(7절, 새번역)라고 반문한다. '골육'은 어려움을 당한 이웃을 뜻한다. 즉 모든 종교적 행위는 이웃의 어려운 형편을 헤아리고 돕는데 그 목적이 있기 때문이다. 하나님께서 기뻐하시는 금식은 하나님을 위해 하는 행위가 아니고, 기도자 자신을 위한 행위도 아니며, 바로 이웃을 위한 행위이다.

4 남을 보살피고 돕는 삶에 임하는 축복 네 가지는 무엇인가?(58:8-10)

a)

b)

c)

d)

Tip 성경은 남을 보살피고 돕는 삶의 아름다움을 매우 아름답게 표현할 뿐 아니라, 그들에게 놀라운 축복(빛, 치유, 인도/보호, 동행/응답)이 임할 것을 선언한다. 남을 돕는 삶을 살아가는 사람들은 춥고 어두운 밤이 물러가면서 밤이 지배하던 곳을 가득 채운 따스하고 밝은 햇볕과 같다. 대지의 잠을 깨우며 기지개를 켜는 식물들에게 생기를 불어넣어 주는 생명의 빛이다. 또한 남을 배려하는 삶은 자신을 치유하기도 한다. 더 놀라운 사실은 하나님이 이렇게 사는 자들의 호위병을 자청하신 것이다(8절). 앞에서 갈 길을 예비하시고, 뒤에서는 적들로부터 보호하기 위해 호위해 주신다.

5 선을 베푼 자들에게 성취되는 두 가지 약속은 무엇인가?(58:11-12)

a)

b)

Tip 남을 돕는 것은 자신을 돕는 것이기도 하다. 하나님이 남을 돕는 자의 모든 필요를 채워 주실 것이기 때문에(11절) 넘치도록 주실 것이다. 그러므로 그는 원기를 회복할 뿐만 아니라 물 댄 동산처럼 항상 생명력과 풍요로 가득하게 된다.

선을 베푸는 자들은 마치 오래 전에 파괴된 성읍을 재건하는 자들과 같다. 그리고 그들의 명성은 영원히 기억될 것이다(12절). 호랑이는 죽어서 가죽을 남기고 사람을 죽어서 이름을 남긴다. 각자의 행위에 따라 남겨지는 이름이 다를 것이다.

삶의 내비게이션(적용)

1 당신은 어떤 상황에서 금식을 해보았는가? 만일 금식의 경험이 없다면 언제 할 것 같은가?

관찰문제 3번 참고,

2 당신은 하나님이 봐주기를 원하고, 알아주기를 원하거나 혹은 하나님과 흥정하고 있는 것은 무엇이 있는가?

관찰문제 2번 참고,

3 하나님이 기뻐하시는 금식은 이웃과의 나눔이다. 당신은 의식주의 나눔에 있어서 어느 부분이 약하며, 실천에 옮기기를 원하는가?

관찰문제 3번 참고,

생활의 아로마(실천)

제12주 하나님은 아신다!

이사야 66:15-24

복습

1 하나님이 기뻐하시는 금식은 무엇인가?(58:6-7)

....

건너뛴 장 내용 요약

59장 종교적으로 살지 못하는 백성

60장 하나님의 영광

61장, 62장 거룩한 백성

63장 여호와의 승리와 백성의 탄식

64장 백성의 고백과 호소

65장 최후의 심판과 비전

이사야 66:15-24

66:15 보라 여호와께서 불에 둘러싸여 강림하시리니
그의 수레들은 회오리바람 같으리로다
그가 혁혁한 위세로 노여움을 나타내시며
맹렬한 화염으로 책망하실 것이라
16 여호와께서 불과 칼로 모든 혈육에게 심판을 베푸신즉
여호와께 죽임 당할 자가 많으리니

17 스스로 거룩하게 구별하며 스스로 정결하게 하고
동산에 들어가서 그 가운데에 있는 자를 따라
돼지 고기와 가증한 물건과 쥐를 먹는 자가
다 함께 망하리라 여호와의 말씀이니라
18 내가 그들의 행위와 사상을 아노라
때가 이르면 뭇 나라와 언어가 다른 민족들을 모으리니
그들이 와서 나의 영광을 볼 것이며
19 내가 그들 가운데에서 징조를 세워서
그들 가운데에서 도피한 자를 여러 나라
곧 다시스와 뿔과 활을 당기는 룻과 및 두발과 야완과
또 나의 명성을 듣지도 못하고
나의 영광을 보지도 못한 먼 섬들로 보내리니
그들이 나의 영광을 뭇 나라에 전파하리라
20 나 여호와가 말하노라
이스라엘 자손이 예물을 깨끗한 그릇에 담아 여호와의 집에 드림 같이
그들이 너희 모든 형제를 뭇 나라에서
나의 성산 예루살렘으로 말과 수레와 교자와 노새와 낙타에 태워다가
여호와께 예물로 드릴 것이요
21 나는 그 가운데에서 택하여 제사장과
레위인을 삼으리라 여호와의 말이니라
22 내가 지을 새 하늘과 새 땅이 내 앞에 항상 있는 것 같이
너희 자손과 너희 이름이 항상 있으리라 여호와의 말이니라
23 여호와가 말하노라
매월 초하루와 매 안식일에 모든 혈육이 내 앞에 나아와 예배하리라
24 그들이 나가서 내게 패역한 자들의 시체들을 볼 것이라
그 벌레가 죽지 아니하며 그 불이 꺼지지 아니하여
모든 혈육에게 가증함이 되리라

말씀 돋보기(관찰)

1 하나님이 백성을 방문하시는 날, 불순종하는 자들은 어떻게 되는가?(66:15-17)

Tip

하나님이 백성을 방문하시는 날, 그분의 불에 휩싸여 죽임을 당할 자들이 있다(15-17). 하나님이 아무리 기회를 주어도 끝까지 반역하는 자들은 심판을 받아 타 죽을 것이라는 이사야 1:31 말씀의 성취이다. 심판을 받아 타 죽는 자들은 과거에 저지른 일들이 그들을 사르는 불이 될 것이다. 성경은 우리가 평소에 선을 행하고 살아야 하는 이유 중 하나가 심판과 환난이 임하는 날, 우리의 선이 우리를 변호하고 보호하는 역할을 하기 때문이라고 한다. 그런데 이들의 경우 지나날의 일들이 그들을 사르는 '불에 기름을 더하고 있다' 는 것이다. 본인이 하나님을 강하게 거부하면, 끝까지 회개를 거부하면 어쩔 수 없는 일이다. 성경은 회개하는 것도 하나님의 은혜라고 한다.

2 하나님이 세계로 보내 선교사역을 감당시킬 자들은 누구인가?(66:18-19)

Tip

이방인 중에서 하나님의 선택을 받아 그분의 백성이 될 뿐만 아니라 하나님의 사신이 되어 세계 방방곡곡에 파견된다. 유대인의 선민사상에 의하면 이방인은 지옥 불에 타오르는 장작개비와 같다고 한다. 그러나 이사야는 이방인을 축복과 구원의 대상으로 표현함으로써 유대인의 편협한 신앙과 국수주의적인 신앙을 교정하고 있다.
이사야 66:15-17이 하나님의 백성임에도 불구하고 죽임을 당한 자들에 관한 이야기라면, 이사야 66:18-19은 이방인임에도 불구하고 선택을 받은 자들의 이야기이다.

3 이방인들은 열방을 누구에게로 인도하며, 하나님은 이방인들을 어떤

역할로 세우시는가?(66:20-21)

a) 인도:

b) 역할:

Tip 세계로 파견된 이방인들은 열방을 하나님께로 이끌어 온다(20절). 이사야 2:1-4은 열방이 시온에 와서 율법을 배우고, 시온에 머물지 않고 하나님의 말씀과 율법을 가지고 세상을 향해 간다. 시온에서 훈련을 받은 열방은 가는 곳마다 만나는 사람들에게 하나님의 말씀과 율법을 가르친다. 한때는 부러운 눈으로 제사장의 나라 이스라엘을 바라보았던 열방이 어느덧 하나님 나라의 선교자/전도자가 되어 온세상에 퍼져서 선교하게 되었다. 이제 크리스찬들은 세상의 끝인 예루살렘을 향해 예수님을 선포하고 전하고 있다.

또한 가장 놀라운 것은 하나님께서 이방인을 제사장과 레위 사람으로 삼으신다(21절)는 사실이다. 이방인이 제사장과 레위 사람이 된다는 것은 상상을 초월한 파격적인 축복이다. 이방인에게 구원도 놀라운 은혜인데 제사장이 되어 하나님을 섬긴다는 것은 더욱더 상상할 수 없는 놀라운 일이다.

4 하나님의 새 하늘과 새 땅과 같이 하나님 앞에 영원히 거하는 자들은 누구인가?(66:22-23)

Tip 하나님의 새 하늘과 새 땅과 같이 이방인들은 하나님 앞에 영원히 제사장처럼 거한다(22절). '새 하늘과 새 땅'은 창조주 하나님의 창조 능력이 이미 창조하신 것으로 제한될 수 없으며 앞으로도 무한히 창조하실 수 있다는 가능성을 시사한다(65:17-25, cf. 벧후3:13; 계21장). 그곳은 쓰라린 과거의 기억이 사라지는 곳이다. 백성들의 마음을 자극하는 모든 죄와 실패의 쓰라림이 더 이상 그들의 발목을 잡지 못할 것이다. 그곳은 주체할 수 없는 기쁨과 감격이 있는 곳이다. 그들의 도성은 기쁨으로 가득차며, 그들은 하나님이 기뻐하시는 자가 될 것이다. 그곳은 모든 사람이

장수하는 곳이다. 그곳은 재산권이 보장되는 곳이다. 모두 자신의 노력에 대한 적절한 열매를 누릴 것이며, 하나님이 자손들에게도 복을 주셔서 자손 대대로 공의와 공평을 누릴 것이다. 그곳은 하나님의 즉각적인 응답이 있는 곳이다. 새로운 세상에서는 하나님의 간섭과 통치가 얼마나 백성들 가까이에 와 있는지, 그들이 기도하기도 전에 하나님이 그들의 생각을 헤아리시고 응답하신다. 그곳은 모든 것이 평화와 화목을 유지하는 곳이다. 이 '새 하늘과 새 땅' 은 선지서에 등장하는 개념으로 새로운 인류 역사의 시작을 의미하나 이방인을 포함하고 있지 않다. 그런데 이사야에서 이방인을 포함시키는 것은 파격적이고 특별한 일이다.

5 끝까지 반항하는 자들의 종말은 무엇인가?(66:24)

Tip 끝까지 반항하는 자들은 죽임을 당하여 불에 태워진다(24절). 선택은 결국 각자의 몫이기 때문이다. 우리는 전도를 하다 낙심할 때가 있다. 그러나 전도의 열매가 없어도 낙심할 필요는 없다. 열심히 전도하고 설득해도 안되는 사람들은 하나님께 맡길 수 밖에 없다. 말을 물가에 끌고 갈 수는 있지만 억지로 물을 먹게 할 수는 없다. 선택은 그들의 몫이다.

삶의 내비게이션(적용)

1 당신이 교회 생활을 하면서 하나님의 백성이거나 혹은 이방인이라고 느꼈던 경험은 언제였는가?

관찰문제 1, 2번 참고,

2 당신이 부르심을 받은 사역지는 어디이며, 어떻게 사역하고 있는가?

관찰문제 3번 참고,

3 하나님의 최종 심판을 피하기 위해 당신은 삶의 어느 영역에서 분발해야 하는가?

관찰문제 4, 5번 참고,

생활의 아로마(실천)

비밀 유지 서약서

나는 이 그룹에서 나눈 것들을 다른 곳에 누설하지 않기로 약속합니다. 또한 다른 그룹원들이 숨기고자 하는 내용을 나누도록 압력을 가하지 않기를 약속합니다. 하나님과 그룹원들에게 나의 약속을 성실히 이행할 것을 서약합니다.

서명________________________________

날짜________________________________

이사야(Ⅲ) 말씀 공부를 통한 삶의 변화 일지

주	나의 말씀 적용(생활의 아로마)	실천과정과 결과
1주		
2주		
3주		
4주		
5주		
6주		

주	나의 말씀 적용(생활의 아로마)	실천과정과 결과
7주		
8주		
9주		
10주		
11주		
12주		

송병현 〈엑스포지멘터리 시리즈〉의 저자. 캐나다 틴대일 대학교(B. Th.)와 미국 시카고 트리니티 복음주의신학교를 졸업하고(M. Div.) 동 대학원에서 박사학위(Ph. D.)를 받았다. 1997년부터 백석대학교 구약학 교수로 봉직 중이며 2009년부터는 선교지의 지도자 교육을 위해 강사진을 파송하는 STAR 선교회를 이끌고 있다. 목회자와 신학생뿐 아니라 하나님의 말씀에 진지하게 귀기울이기 원하는 이 땅의 그리스도인들을 섬기기 위해 활발한 성경강해와 해석 사역을 펼치고 있다.

송(임)우민 캐나다 틴대일 대학교(B. Th.)와 미국 시키고 트리니티 복음주의신학교를 졸업(M. Div.), LA에 있는 탈봇신학교에서 기독교교육학으로 박사학위(Ph. D.)를 받았다. 20여 년간 북미와 한국에서 영어 주일학교 전도사로 교회학교 현장에서 사역하였으며, CMIS 캐나다국제학교 이사, Korea Montessori College 교수, 몬테쏘리 교사 및 컨설턴트 등 다양한 교육학적 경력을 통해 학부모 세미나, 부부 세미나, 교사 세미나와 주요 강사로서 가정과 주일학교를 말씀으로 세우기를 갈망하는 부모와 교사들을 섬기고 있다. 현재 백석예술대학교 사회복지학부 전임교수로 봉직 중이며, 남편 송병현 교수와 함께 STAR 선교회 이사로 섬기고 있다.

엑스포지멘터리 성경공부 시리즈 이사야(Ⅲ)

초판 1쇄 발행 2019년 5월 30일
2쇄 발행 2019년 6월 5일

지은이 송병현, 임우민
구성 신윤영

펴낸곳 도서출판 이엠
등록번호 제25100-2015-000063
주소 서울시 구로구 공원로 3번지
전화 070-8832-4671
E-mail empublisher@gmail.com

내용 및 세미나 문의 스타선교회: 02-520-0877 / EMail: starofkorea@gmail.com / www.star123.kr

ISBN 979-11-86880-63-0 93230

「이 도서의 국립중앙도서관 출판시도서목록(CIP)은 서지정보유통지원시스템 홈페이지(http://seoji.nl.go.kr)와 국가자료공동목록시스템(http://www.nl.go.kr/kolisnet)에서 이용하실 수 있습니다. (CIP제어번호:CIP2015000753)」